Pirí

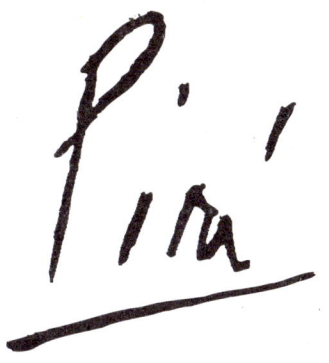

TESTIMONIOS SOBRE SUSANA "PIRÍ" LUGONES

ANALÍA GARCÍA
MARCELA FERNÁNDEZ VIDAL

Hablan: Ricardo Piglia, Horacio Verbitsky, Aída Bortnik, Tata Cedrón, Roberto Cossa, Miguel Briante, Rogelio García Lupo, Carlos Ulanovsky, Osvaldo Bayer, Laura Yusem, León Rozitchner, Daniel Divinsky, Noé Jitrik, Miguel Bonasso, Tabita y Carlos Peralta, Ricardo Halac, Julia Constenla, Poupée Blanchard, Lilia Ferreyra, Jorge Timossi, Lilí Mazzaferro, Oscar Smoje, Pedro Pujó, Germán García, Carlos Barés, Dante Crisorio, Raquel Aguirre, Pedro Roth, Pedro Alemán, Mario Villani, Roberto Pastorino, Jorge López y otros.

Diseño de tapa: Julio Albornoz
Composición: Liliana Cherén
Digitalización de imágenes: Julio A. Di Carlo

El material gráfico de este libro fue prestado generosamente por Tabita Peralta, Poupée Blanchard, Julia Constenla, Dante Crisorio y Lilia Ferreyra.

La edición de este libro contó con el apoyo financiero del Comité Latinoamericano del Movimiento Internacional de la Reconciliación (Internationaler Versöhnungsbund), con sede en Viena, Austria.
A ellos nuestro agradecimiento.

I.S.B.N. 950-772-002-2

Hecho el depósito que marca la Ley 11.723
Impreso en Argentina

Primera edición: marzo de 1995.
© 1994, Analía García y Marcela Fernández Vidal.
© 1994, Unión de Trabajadores de Prensa de Buenos Aires.

Indice

Introducción
Nota al lector

La familia..Pág.	1
Una mujer, muchas mujeres ....Pág.	15
Pirí, en la trastienda..............................Pág.	27
Los sesentistas ....Pág.	39
Del verbo a la acción ....Pág.	53
Cartas desde Europa................................Pág.	70
La tanga..Pág.	76
El atraso cósmico del epistolario ....Pág.	79

Susana Lugones, Pirí, fue una de las miles de mujeres cuyas vidas se cobró la dictadura instalada en la Argentina el 24 de marzo de 1976. Nieta de uno de los poetas centrales de la literatura argentina e hispanoamericana, Leopoldo Lugones; hija de un policía que alcanzó fama por sus métodos de represión, Pirí y su familia fueron atravesadas a fuego por la historia de este siglo en la Argentina. Con toda la tragedia que millones de personas del país y de América Latina sufrieron a partir de la convulsionada vida política de estos años, los Lugones son, sin duda, un apellido particularmente signado por esa condición dramática de la historia argentina reciente. Más allá de eso, en sus radiantes 52 años de vida (nació el 30 de abril de 1925 y fue asesinada el 17 de febrero de 1978) Pirí fue un punto de cruce singular entre el periodismo, la literatura, el arte, la vida intelectual y política de Buenos Aires. Todo lo cual vivió sin guardarse nada, llevando hasta el último segundo de su vertiginosa vida un irrenunciable afán libertario. Para la Unión de Trabajadores de Prensa de Buenos Aires es un honor homenajear a Pirí y dedicar este libro a su querida memoria y a la de las otras mujeres del gremio periodístico que forman parte de nuestros 93 compañeros desaparecidos durante el terrorismo de Estado que sometió a la Argentina entre 1976 y 1983: Lucina Álvarez de Barros, María Elena Amadio, María Bedoian, Alicia Raquel Burdisso Rolotti, Mabel Domínguez, Alicia Eguren de Cooke, Ana María Estevao, Célica Gómez, Diana Guerrero, Elsa Martínez de Ramírez, Liliana Molteni, Susana Medina de Bertholet, Agatina Motta, Marta Pérez, María José Perrier y María Cristina Solís de Marín.

Unión de Trabajadores de Prensa de Buenos Aires
Secretaría de Derechos Humanos
Buenos Aires, verano de 1994/5

Nota al lector

Al empezar este trabajo –recopilación de datos y testimonios sobre Susana "Pirí" Lugones– sólo contábamos con tres referencias: su abuelo era el poeta Leopoldo Lugones, ejerció el periodismo y fue asesinada durante la última dictadura.

Como tirando del hilo de un ovillo, cada amigo o conocido que entrevistábamos nos iba llevando a otros nombres, al tiempo que revelaba aspectos de su vida que nos sorprendían y devolvían la imagen de una mujer multifacética y apasionante.

Así, las piezas del rompecabezas fueron encajadas. Esta Pirí se armó trabajosamente, con retazos de la memoria de cada uno de quienes la conocieron, y se nos fue tornando cercana, reconocible y querible.

La reivindicamos como a todos aquellos hombres y mujeres que son coherentes con sus ideales de justicia y solidaridad, y nos anima la intención de rescatar su historia del olvido.

Este libro tiene en realidad un tercer autor, Néstor Restivo, quien nos orientó y colaboró en su idea, producción, redacción y edición. A él, nuestro agradecimiento.

El máximo reconocimiento va para quienes generosamente brindaron su testimonio y orientación a pesar de que a veces significó evocar situaciones de gran peso afectivo. Sus nombres aparecen en los distintos capítulos.

Agradecemos especialmente a Tabita, Carel y Carlos del Peral quienes, desde Europa, donde viven desde hace muchos años, nos alentaron en cada comunicación. Y a Raquel A. de Castro, por no tener miedo.

También queremos agradecer al periodista Oscar González y a Daniel Divinsky por sus atentas lecturas del borrador y sus precisas observaciones. Y también gracias a: Liliana Cheren, Carlos Ulanovsky y Julio Albornoz, quienes colaboraron generosamente con el trabajo de edición; Tomás Eloy Martínez, María Luisa Lacroix, Miguel Grimberg, Homero Alsina Thévenet, Felipe Noé, David Viñas, Juan Gelman, León Ferrari, Quino, Ricardo Horvath, personal de la secretaría del Instituto de Lenguas Vivas (Turno Mañana), agencia Prensa Latina, Biblioteca Autónoma de Periodismo (BAP), Liliana García, Fernando Dondero, Carlos Maslatón, Aníbal Ford, Silvina Ramos, Víctor Pintos, Enrique Noli, María Rosa Gómez, Néstor Piccone, Annemarie Heinrich, y a Néstor, Roberto y Anahí, nuestras familias, y a los amigos que nos escucharon y apoyaron incansablemente.

Analía García y Marcela Fernández Vidal

Capítulo 1
La familia

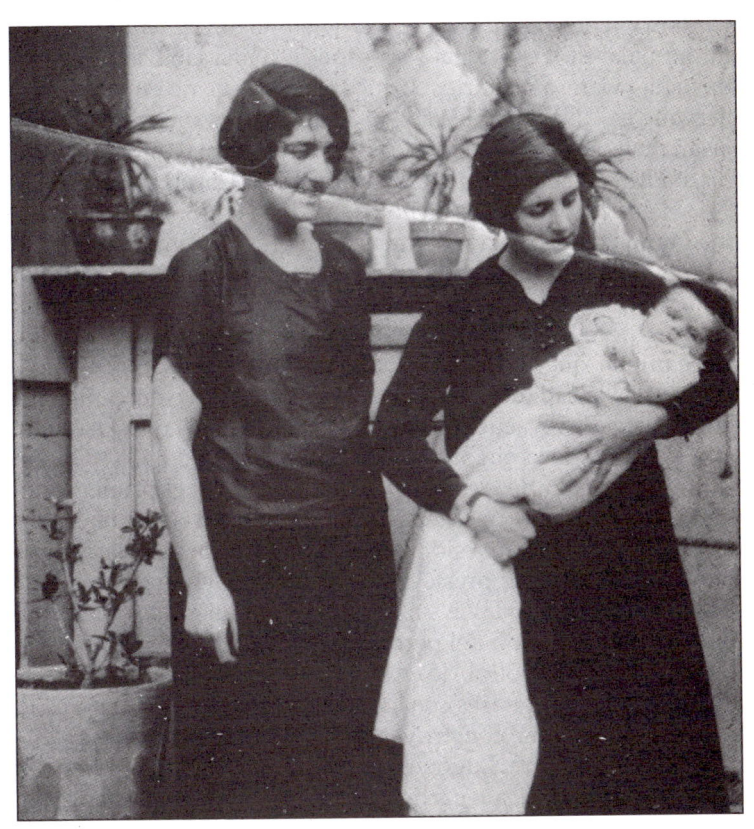

Carmen Aguirre con su hija Pirí y la tía Raca. (1925)

**Leopoldo Lugones: de la izquierda al fascismo.
El arreglo. "Mi viejo es un cretino." La abuela Juana.
Los suicidios. La tía Raquel. La mufa del reloj.
El amante de Lady Chatterley. "Soy la tía de Carlos."
Tabita, Alejandro y Carel.**

Leopoldo Lugones, uno de los más grandes poetas de las letras argentinas e hispanoamericanas, ya simpatiza con el nacionalismo oligárquico y clerical que prepara el terreno para la sedición contra el gobierno del radical Hipólito Yrigoyen, que llegará en septiembre de 1930. Su hijo homónimo, quien luego del golpe se convirtió en comisario de la Policía Federal para encabezar la represión, lo llama. *"¿Se queda en su casa, padre?.* –le pregunta. *–Ya salimos para allá; vamos con la pibita."*

El viejo Lugones cuelga el teléfono sin entender bien la última palabra. Le cuenta a su esposa, Juana González, que su único hijo viene a visitarlos, y que trae algo que no entendió muy bien qué es. *"Dijo una 'pirita', no escuché bien"*, dice. La pibita es Susana Lugones. Desde entonces, desde aquel malentendido, será Pirí, o Pirita. Había nacido el 30 de abril de 1925, en Buenos Aires.

Leopoldo Lugones nació en Córdoba en 1874, en el seno de una familia de viejo arraigo americano que provenía de Santiago del Estero. A pesar de su prosapia aristocrática, Lugones se vinculó desde fines de siglo con el anarquismo primero y con el socialismo después, pero luego comenzó a mutar de ideología y a alentar el golpe militar que reclamaba la oligarquía nacional. Su proclama **"La hora de la espada",** que pronunció, con motivo del centenario de la batalla de Ayacucho, en 1924, tuvo un neto corte fascista, y para felicidad de la oligarquía porteña que frecuentaba el Jockey Club y el Círculo de Armas, sirvió para alentar el primer golpe militar de este siglo en la Argentina. Hipólito Yrigoyen, el líder radical derrocado, había sido, durante su anterior mandato iniciado en 1916, el primer presidente libremente elegido en comicios generales (aunque todavía sin el voto de las mujeres, que recién se lograría con la llegada del peronismo al gobierno).

El golpe de 1930 abrió en la Argentina una trágica recurrencia de gobiernos militares con los cuales, cada vez que lo necesitó, la clase dirigente fue construyendo su modelo de país.

En la literatura, Lugones frecuentó la poética modernista, la neoclásica apologética y participó de varios movimientos de vanguardia. Publicó, entre muchas otras obras, **La Guerra Gaucha, Historia de Sarmiento** y **Elogio de Ameghino** (relatos históricos), **Odas Seculares** y **Las horas doradas** (poesía), **Las fuerzas extrañas** (cuentos), **Lunario sentimental** (verso y relatos breves) y **El ángel de la sombra** y **El Payador** (ensayos).

En 1938, en plena "década infame" –como se llamó al turno de gobiernos conservadores que se sucedieron luego del golpe de 1930, y que se caracterizaron por la corrupción, la represión y la sumisión del país a los poderes imperiales–, Lugones se suicidó en el recreo El Tropezón, en una isla del delta del Tigre, bebiendo cianuro.

✧ ✧ ✧

Su único hijo, nacido en 1898, tuvo el mismo nombre. Casado con Carmen Aguirre, apodada Carmela, tuvieron como hijas a Pirí y a Carmen (de sobrenombre "Babú"), dos años menor que Susana. Leopoldo Lugones (h) se hizo célebre por inaugurar el uso de la picana eléctrica en las torturas a las que eran sometidos los disidentes contra la dictadura de José Félix Uriburu (1930-32). Como su padre, se comprometió con el régimen mililtar y oligárquico y, aunque siempre lo negó, recibió infinidad de acusaciones sobre los tormentos que aplicó a los presos políticos. Muchos decían que había inventado la picana, "el tacho", "la morsa" y otros métodos de tortura. También como su padre se suicidó, de un tiro en la sien, en 1971.

Por vía materna, el abuelo de Pirí fue el reconocido compositor, pianista y crítico argentino Julián Aguirre (1868-1924), autor de obras inspiradas en temas criollos. De su producción se destacaron **Aires nacionales, Aires criollos, Huella** y **Gato y Sonata para violín y piano,** entre otras.

✧ ✧ ✧

Los periodistas Lilia Ferreyra –ex compañera del gran periodista y escritor Rodolfo Walsh, otra víctima del terrorismo estatal en la Argentina, quien también fue pareja de Susana– y Horacio Verbitsky reconstruyen en un diálogo el contexto familiar en que creció su amiga Pirí.

H.V. –*Ella nació en el momento de mayor gloria de su abuelo Lugones, el poeta, cuando estaba comenzando a girar desde el socialismo que había tenido en su juventud hacia posiciones más nacionalistas e inspiradoras del golpe militar de 1930. Su padre, Leopoldo Lugones hijo, participó de esa conspiración militar y fue designado jefe de la policía en Buenos Aires, bajo la dictadura de Uriburu. Se lo conocía como "el torturador Lugones".*

L.F. –*Pirí decía que había inventado la picana eléctrica. Nunca le tuvo afecto. Muchas veces insistía con recordar esa característica de su padre. El se vio asociado a muchas denuncias sobre procedimientos irregulares contra los presos que los diarios de la época, como* **Crítica***, se encargaron de difundir, y Pirí no ocultaba eso, al contrario.*

✧ ✧ ✧

Estela "Poupée" Blanchard, también ex esposa de Walsh y

amiga de Pirí, recuerda cómo fue convenido entre las familias Aguirre y Lugones el casamiento de los padres de Pirí.

"*Carmela me contó que el casamiento entre ella y Lugones hijo lo armó su mamá, Margarita Aguirre, la abuela materna de Pirí. Pensó, como buena señora snob, que el matrimonio del hijo del poeta con la hija del músico, Julián Aguirre, era una especie de casamiento 'real'. La mamá de Carmela pensó que esa sería una decisión redonda, ¡y resulta que el hijo les salió un torturador!. Pirí estuvo obsesionada con eso. Cuando yo la conocí, en el año '55, me dijo: 'Soy la hija del torturador Lugones', como quien dice: 'Soy la hija de Fabiola', como si fuera un honor. Ella daba vuelta la cosa con mucha bronca. Su madre, en cambio, tenía todas las virtudes que puede tener una mujer. Era encantadora físicamente, con buenos modales y mucha clase. Era una mujer muy solidaria y con gran naturalidad. Pertenecía al Club de Madres. Recuerdo que una vez me contó que iba en un tranvía y al lado se sentó una muchacha a quien le faltaba parte de una pierna. Carmela se puso a hablar con ella y a los pocos días, luego de algunos trámites, le consiguió una pierna ortopédica. Actuaba así, sin grandilocuencias. Y en cuanto a Pirí, no interfería en su vida. Supongo que cuando se casó Pirí —yo todavía no la conocía— debe haber sido una catástrofe porque Carlos Peralta, su primer marido, no tenía un peso, era muy humilde, nada que se correspondiera con los aires de la familia."*

Otra amiga íntima de Pirí, Lili Mazzaferro de Laferrère, recuerda así ese marco familiar:

—*El matrimonio estaba armado entre Lugones y la esposa de Aguirre. La mamá de Pirí era bellísima, de un gran encanto; era muy cautivante Carmela.*

—Carmela se casó dos veces, ¿no?
L.M. —*Sí, cuando se separó de Lugones se casó con Marcos Victoria, y hacían una muy buena pareja. El tenía un gran vuelo intelectual, aunque la muy cretina de Pirí se riera de su formalidad y engolamiento.*

Victoria fue uno de los primeros psicoanalistas del país. También fue un estudioso del psicoanálisis en la Argentina, y escribió varios libros, el más conocido de los cuales fue **Freud, Jung y Adler,** publicado por **Editorial Raigal,** en la década del cincuenta.

—¿Pirí tenía tíos?
L.M. —*Por el lado de los Lugones, no. El comisario era hijo único. Por la parte de los Aguirre, Carmela —a quien llamaban Meme— tenía una*

hermana: Raquel, tía de Pirí –a quien llamaban Raca– que se casó con el músico Juan José Castro. Pirí y esta tía se querían mucho. Como Raquel estaba en el exterior, debido al trabajo de su marido, durante unos años les prestó su departamento a Pirí y a Carlos Peralta, su primer esposo, porque no tenían dónde vivir. Ellos vivieron allí hasta el '57-'58, cuando se mudaron al edificio de El Hogar Obrero.

El Hogar Obrero fue la cooperativa creada en 1905 por el fundador del Partido Socialista argentino, Juan B. Justo, quien, entre otras cosas, fue el primer traductor al español del tomo 1 de **El Capital,** de Carlos Marx. En la sede central de la cooperativa, a pocas cuadras de Primera Junta, en la media manzana que forman la avenida Rivadavia, A. Giménez y Rosario, se levanta ese edificio concebido inicialmente para que vivieran los trabajadores con comodidad y a muy bajo precio de alquiler. Allí, Pirí vivió varios años de su vida.

Los testimonios son coincidentes en cuanto a la relación que unió a Pirí con Raquel. Aquí, el relato de la propia tía.

Raquel Aguirre de Castro: –*Como yo no he tenido hijos, he sido muy tía. Tuve muy buena relación con ella, cosa que su madre no, porque Carmela le tenía miedo. Yo la quería muchísimo. Me asustaba un poco lo que hacía, sobre todo en los momentos peligrosos, pero jamás le dije no hagas esto o aquello porque cada uno tiene que hacer lo que cree correcto.*
–¿Cómo era Pirí de chiquita?
R.A. –*Yo tengo 85 años y estoy algo desmemoriada. Y además mi vida era bastante embromada porque viajaba mucho. Juan José Castro, mi marido, viajaba por su profesión de músico y estuvimos muchos años por Europa y por América. Con todo, recuerdo que mi sobrina sufrió mucho porque tenía una enfermedad en una pierna, no recuerdo qué fue, pero sí que estuvo mucho tiempo enyesada.*
–¿Cuándo ocurrió eso?
R.A. –*Era bastante beba. Recuerdo que estuvo mucho tiempo en cama, siendo una beba, y ya estaba enyesada. No podría decirles si fue una enfermedad de nacimiento.*
–¿Cómo recuerda al padre de Pirí?
R.A. –*Pirí y su hermana, Babú, vivían con sus padres. Polo Lugones era un subnormal, una catástrofe. Entonces estábamos un poco distanciados.*
–¿Usted lo recuerda como un padre exigente, represivo?
R.A. –*Creo que ni se ocupaba de las hijas, en absoluto, lo cual fue una ventaja, ¿no?. Mi hermana, Carmela, lo defendía mucho y por eso nos alejamos. Fueron momentos difíciles cuando* **Crítica** *y otros diarios*

empezaron a publicar en la primera plana las maldades que hacía en la policía. Fue una cosa escandalosa y nosotros sabíamos que era verdad.

–¿La madre de Pirí se casó por segunda vez cuando se separó de él, o fue después que enviudó?

R.A. *–No. Ella se fue de la casa con las dos chiquitas. El se suicidó muchos años después, en 1971. Y quieren creer cómo sería de bestia que el día en que se iba a matar la llamó a Babú para avisárselo. Ella era la única que se ocupaba de él, iba a visitarlo, le llevaba a sus nietos para que los viera... Polo la llamó por teléfono y le dijo: 'Me voy a pegar un tiro'. La hija se desesperó y le pidió encarecidamente que la esperara, que ya salía con su auto para estar con él. Imagínense qué peligro hacerla ir volando en el auto mientras él, efectivamente, se pegó un tiro. El era esa calaña de persona.*

–Muchos cuentan que Pirí se presentaba como "la nieta del poeta y la hija del torturador".

R.A. *–Ella tenía gran admiración por su abuelo, en definitiva fue un hombre débil. Su mujer, Juana, era bastante cretina pero, cretina y todo, tenía adoración por Pirí y ella también por su abuela.*

Lili Mazzaferro recuerda que Pirí vivió con su abuela Juana cuando era soltera y en los primeros tiempos de su matrimonio con Carlos Peralta. *"Era un desastre esa vieja –dice–. Yo me ponía debajo de la ventana y Pirí me hacía señales para avisarme cómo estaba el ambiente en la casa, porque esa mujer tenía un gran revire. Pero yo, de a poco, la fui conquistando y podía entrar a ver a mi amiga. Juana quedó mal porque cuando su marido –el viejo Lugones– se suicidó en el Tigre, se descubrió que iba siempre allí con otra mujer."*

Otro testimonio sobre Juana es el de Poupée Blanchard: *–Cuando Pirí y Carlos se casaron, eran tan pobres que tuvieron que ir a vivir al departamento de la abuela Juana, que quedaba en Uruguay y Santa Fe. Era una casa antigua, y la abuela era loca, con fobias tales como que cuando alguien entraba desde la calle, ella iba detrás limpiando el piso con lavandina. Imagínense que no debe haber sido lo ideal para una pareja de recién casados. Al poco tiempo, Pirí y Carlos fueron a vivir a lo de la tía Raquel.*

La tía Raquél aclara: *–Yo estaba viviendo en ese momento en Australia, y cuando me escribió mi sobrina diciendo que no tenían dónde ir a vivir, les presté el departamento de Uruguay 888.*

✧ ✧ ✧

Poupée Blanchard sonríe al memorizar una anécdota: *–Ocurrió un hecho muy divertido con un reloj 'enyetado' que Pirí heredó de la* *abuela Juana. Era un objeto precioso con forma hexagonal y para colgar en la pared. Pirí tenía tal sensación de que el reloj les traía mala suerte que lo había envuelto con un montón de papeles como para que 'las malas ondas' no salieran. Yo le dije: 'Dame el reloj que lo vendo en el local de antigüedades'. No creía lo de la mala suerte. Lo colgué en una pared, un poco fuera del circuito de venta. Pero a fin de mes, cuando hice el balance, me di cuenta de que las ventas habían bajado mucho y empecé a pensar si no era un efecto del reloj. Cuando se lo comenté a Pirí, ella insistió: 'Tiralo, o va a venir algo peor todavía'. Entonces se lo di al portero del edificio y le expliqué por qué estaba todo envuelto. El prometió tirarlo a la caldera al día siguiente. ¡Esa noche estalló la caldera! El portero quedó anonadado y le contó lo ocurrido al encargado del edificio de enfrente. El otro le pidió ver el reloj y le gustó tanto que le dijo: 'Dámelo, a ver si el reloj no tiene nada que ver'. Al otro día, su hijo tuvo un accidente en motocicleta y casi se mata. Lo último que supe del reloj es que lo tiraron subrepticiamente en la parte trasera de un camión, porque ninguno de los dos sabía cómo sacárselo de encima. No sé si era propio del reloj provocar desgracias o era porque había pertenecido a Juana. Una persona que limpia detrás de tus pasos es, ya de por sí, mufa.*

❖ ❖ ❖

Cuando Leopoldo Lugones (h) se suicidó, el 18 de noviembre de 1971 en su casa de Villa Devoto, en la calle San Nicolás, tenía 73 años y estaba en pareja con su segunda mujer, Sara Steullet, con quien no tuvo hijos. ¿Cómo era la relación que había tenido con él Pirí Lugones?

La escritora Aída Bortnik, amiga de ella, recuerda que *"Pirí aparentaba ser muy fuerte. Se presentaba ante los demás como la nieta del poeta y la hija del torturador. Una noche muy tarde, estábamos con tres o cuatro amigos y nos hizo un relato. Nos contó que cuando ella tenía alrededor de 10 años, un día volvió del colegio con un recorte del diario* **Crítica** *donde había una caricatura de su padre torturando y donde se hablaba de su hábito de sumergir en tachos de mierda a los 'contreras'. Ella le preguntó a su padre si era verdad que él hacía eso. El la sentó en sus rodillas y, mientras le acariciaba la cabeza y la besaba en la frente, le dijo: 'Pero hijita, cómo puede creer eso de su papá'. Esta síntesis de su relación con su padre, en el momento del descubrimiento de quién era él, podrá o no tener verosimilitud exacta, pero es así como ella lo contaba, como ella lo vivía. Y lo contaba tratando de sonreír, pero con mucho dolor. Decía: 'El cretino me mentía', sabiendo que ese cretino le mentía porque la quería, porque el hecho de ser un torturador no le impedía quererla. Pero ella, que sabía lo suficiente del alma humana como para entender eso, estaba absolutamente convencida de que ella no lo quería a él. No lo había* *perdonado. Ella necesitaba aclarar quién era su padre con la gente que le interesaba para mantener cualquier tipo de relación. También lo hacía para descolocar a los demás, para provocarlos y ver dónde se paraban cuando no tenían el equilibrio necesario. Personalmente recibía bien los golpes y se corregía cuando hacía falta".*

Una vecina de Pirí en El Hogar Obrero, Irma, dice: *—Su familia era muy complicada. Del abuelo tenía un buen recuerdo a pesar de que él se suicidó cuando ella era aún muy chica. Lo rescataba en el aspecto literario. Del padre no se hablaba. Su suicidio no la afectó, al menos en apariencia. Le parecía que suicidarse era lo menos que podía hacer.*

Al dramaturgo Roberto "Tito" Cossa, que por entonces era periodista del diario **La Opinión**, le tocó hacer la necrológica del padre de Pirí: *—En la nota, yo recordaba que el abuelo también se había suicidado, pero me equivoqué y puse que él también se había pegado un tiro, cuando en realidad había ingerido veneno. Ella me cargó muchas veces con eso. Yo percibía que sentía mucho desprecio por su padre.*

Noé Jitrik, escritor, ensayista y docente: *—Creo que el fascismo familiar que encarnaba su padre, era en Pirí el fantasma a exorcisar. El tenía amarrados los derechos de autor sobre la obra del padre. Era fama que toda negociación con Leopoldito fuera crispada y, además, exigía para cada edición un prólogo escrito por él. Tenía una identificación casi simbiótica con su padre, pero falsamente simbiótica porque no tenía su talento. Pirí, por su parte, trataba de liberar la obra del abuelo al tiempo que su padre la bloqueaba.*

Leopoldo Lugones (h), efectivamente, había escrito muchos prólogos a obras de su padre, y hasta un libro sobre él. Lo que cobró de derechos de autor por su padre lo ayudó a vivir. El viejo Lugones había expresado en su testamento una frase tremenda: "Leopoldo Lugones es uno solamente, en padre e hijo, y queda éste como guardián de mi obra". Los escritos del hijo no contaron con el apoyo de la crítica; sólo le servían para ostentarlos en los ámbitos reaccionarios en los que se movía.

✧ ✧ ✧

Pirí estudió en un reconocido instituto de Buenos Aires, el Lenguas Vivas, que entonces funcionaba en Esmeralda y Sarmiento y era exclusivamente para mujeres. Se graduó en 1942 como maestra normal nacional —tuvo un promedio de notas superior a los 9 puntos y siempre se destacó en literatura y psicología— y a partir de allí fue perfeccionando su manejo de idiomas, a la vez que ejerció la docencia algunos años.

Poupée Blanchard: —*Pirí todavía iba al colegio cuando su papá no había sido olvidado por sus actividades de torturador, que el diario* **Crítica** *se ocupaba de recordar. Ella, fuera del slogan "soy la hija del torturador", no hablaba del tema.*

Miguel Briante, periodista y escritor: —*Pirí decía que su padre, el comisario, no había atendido debidamente su afección en la pierna. Creo que pensaba que el padre era un hijo de puta.*

Julia Constenla, periodista: —*Ella al abuelo casi no lo conoció, al padre sí. Desde chiquitas, a ella y a su hermana las despertaba a las seis de la mañana con una diana.*

Roberto Pastorino, abogado, ex compañero de Pirí en **Prensa Latina**: —*Recuerdo haberla visitado en un departamento donde ella había empapelado las paredes con diarios de principios de siglo. Le recriminé: "Pirí, ¡ésas son cosas históricas!". Me contestó: "¿A quién le sirven?. Son cosas que me vienen de la familia. Mi viejo fue un torturador y sus hijas fuimos las primeras torturadas".*

Osvaldo Bayer, escritor y periodista: —*Al tiempo que murió su padre, ella me llamó y me dijo: "Pensé en vos porque necesito dinero y tengo que vender el archivo de mi padre. Aunque otro me pueda pagar más, me gustaría que te quedes con la parte del anarquismo". Ella me vendió todo eso por muy poco dinero. El había armado una Sección Especial con copias que sacaba de la policía. Era un archivo político. Cuando nos encontramos para que yo revisara el material, estuvimos como cuatro horas hablando. Allí me contó detalles de su odio hacia el padre. Creo que fue una tremenda obsesión en su vida. Yo solamente vi ese odio hacia un padre cuando le hicieron un reportaje por televisión al hijo de Hans Frank, el criminal de guerra nazi, impuesto como gobernador en Polonia, quien fue juzgado y condenado a muerte por el Tribunal Internacional de Nüremberg y ejecutado en la horca en 1946. El hijo habló hace seis o siete años y dijo: "Era un ser subhumano, un antihombre, la expresión de la crueldad. Si yo lo tuviera con vida ahora, le escupiría la cara...". Cuando Pirí Lugones me habló de su padre en esa larga charla, cuando me mostró lo que tenía para vender, expresaba ese mismo odio. Decía: "Mi viejo era un cobarde. Vivía siempre en casa en una especie de mirador con espejos".*

✧ ✧ ✧

Horacio Verbitsky: —*Otro episodio que también marcó su vida fue su enfermedad. Ella tenía un problema en la cadera.*

Lilia Ferreyra: —*Ella tenía una pierna más corta que la otra. Era* renga, y eso se fue agravando por un problema de artrosis, lo que dificultó su desplazamiento en la última época, en la etapa de la militancia. No usó bastón hasta los últimos tiempos, cuando la dificultad para caminar se había agudizado.

H.V.: —*Sufrió mucho por eso. A raíz del problema en la cadera, le habían prohibido tener hijos porque podía haber fracturas que pusieran en riesgo su vida. Ella se burló absolutamente de la prohibición médica, decidió que iba a tener hijos, y tuvo tres: Tabita, Alejandro y Carel.*

Los entrevistados coincidieron en señalar que Pirí sobrellevaba la dificultad física con gran desenvoltura. Nunca utilizó esto para procurarse un trato especial ni para aceptarlo como un condicionante en su vida. Apelaba a su humor ácido para bromear sobre el tema.

—¿Cómo la afectaba su problema físico?

Carlos Barés, psiquiatra, ex pareja de Pirí. —*Ella había tenido una coxalgia, una tuberculosis de cadera. Contaba que cuando era chica no la habían llevado a hacer los ejercicios que correspondían. Puede ser, porque si hubiera hecho los tratamientos de kinesiología correctos, no debería haberle quedado tanta diferencia entre una pierna y la otra.*

Aída Bortnik: —*Nos hacíamos bromas sangrientas, pero nunca en público, porque las dos teníamos un problema por el que rengueábamos. Si bien nadie se atrevía a hacer mención de esto públicamente, nosotras nos hacíamos bromas al respecto.*

Poupée Blanchard: —*Ella se las arreglaba elegantemente para caminar derecha y descargando el peso del cuerpo sobre la pierna más larga.*

Pedro Roth, fotógrafo de arte: —*Cuando Pirí salía con el fotógrafo Jorge García, él estaba en sociedad conmigo en un estudio artístico. Ella venía a visitarlo allí y cuando entraba nos decía: "¿No hay un beso para esta pobre paralítica?". Tenía un sentido del humor increíble.*

✧ ✧ ✧

Pirí y Carlos Peralta, periodista y humorista cuyo seudónimo es Carlos del Peral, se casaron el 5 de junio de 1948.

—¿Se conocieron después de que ella egresó del Lenguas Vivas?

Lili Mazzaferro. —*Fue en la Facultad de Filosofía y Letras de la Universidad de Buenos Aires, donde los dos estudiaban. Nosotras nos habíamos conocido en la playa cuando éramos niñas. Yo la recordaba por la extrañeza que me produjo ver a una nena enyesada en ese lugar. Cuando nos reencontramos en la Facultad, empezamos una relación y nos dimos* cuenta de que habíamos coincidido en la playa cuando chicas. El grupo de estudios lo integraban también Julia Constenla y Pablo Giussani, que estudiaba filosofía.

En el momento en que lo conoció a Carlos, había un libro que tenía una influencia tremenda sobre nosotras, que éramos adolescentes: **El amante de Lady Chatterley**, de D. H. Lawrence. Ese libro causó conmoción. Era toda una invitación. ¡Había que acostarse ya! Recuerdo que Pirí me dijo: "Hoy es el día", y se hizo un camisón de tul... ¡Pero de tul de mosquitero!. Se vistió y exclamó, con aires de reina: "Yo parto". Y salió, fue a verlo a Carlos y ese mismo día se pelearon. Cuando volvió a casa comentó: "Me cago en Lawrence, las cosas no son así". Después se reconciliaron.

Cuando decidieron casarse, fui a pedirle al torturador la mano de Pirí haciéndome pasar por una tía de Carlos. Yo ya estaba embarazada de mi hijo Manolín y tenía una barriga infernal. Ella me dijo: "Te tenés que poner sombrero", y usé una boina marrón que era de mi hermana. Iba con un vestido que me hacía parecer una bolsa, me sentía muy ridícula. Fuimos con Carlos y nos atendió el viejo. Le expliqué que Carlos no tenía padres (¡mentiras!) y que venía a pedir la mano de Pirí en representación de la familia. Parece que le caí bien porque me mostró una habitación que tenía en el piso de arriba, toda llena de espejos, y me explicó que se sentaba y desde ahí veía todo lo que pasaba en los edificios de enfrente. Me enseñó cuadernos donde registraba los horarios de los vecinos. Era un obsesivo, un torturador de alma. Yo no sabía qué decirle. Pensaba que, si me descubría, me iba a sacar a patadas a la calle. Pero todo salió perfecto. Autorizó el matrimonio y hasta me convidó con facturas, lo cual viniendo de él era todo un gesto.

Pirí y Carlos tuvieron tres hijos: Tabita (Susana) nació el 22 de marzo de 1949, Alejandro el 14 de setiembre de 1950 y Carel (Carlos) el 7 de marzo de 1952. Sus amigos recuerdan esa época como de vida intelectual, cultural, de estudio y de familia.

Lilia Ferreyra. —*Cuando hablaba de esa época, ella decía que esos años se los había pasado entre pañales, se había dedicado a sus hijos.*

Horacio Verbitsky. —*Entre pañales y libros. A Pirí siempre la recuerdo coincidiendo en sus diferentes etapas con Rodolfo Walsh. Me refiero, por ejemplo, en cuanto al perfil de intelectuales de clase media antiperonista, pero no militantes. Eso era así en aquella época familiar de Pirí. Como sucedía con Walsh.*

L.F. —*Esto es hasta el '55.*

H.V. —*A partir del '55 comienza una nueva etapa en el país y en sus vidas. Carlos, un hombre brillante intelectualmente, se convierte en el director de* **Cuatro Patas**, *una revista cultural y humorística que es el* *antecedente inmediato de* **Tía Vicenta**, *de Landrú, en la que también trabajó con su seudónimo de Carlos del Peral. Y en el país comienza toda una etapa de militancia política y de vinculación con el clima intelectual de esos años.*

Poupée Blanchard conoció al matrimonio en 1955: –*Vivían en lo de su tía Raquel, en un departamento antiguo. Los chicos debían tener cinco o seis años. Pirí tenía un estilo divertido para relacionarse con sus hijos. Les festejaba sus travesuras. Cuando nos poníamos a hablar del futuro, yo le decía a Carlos que los imaginaba viviendo separados y que Tabita iba a ir a su casa, le iba a lavar las camisas y le iba a recriminar: "Pero papá, otra vez no tenés nada para comer". Es que ellos eran muy bohemios.*

Aída Bortnik comenzó su amistad con Pirí cuando ella y Carlos ya se habían separado: –*Disfrutaba mucho de sus hijos, los mezclaba con todo el grupo de amigos. La relación con el ex marido era buena, abierta y franca. No había nada tortuoso ni escondido, entonces los chicos vivían en un clima de libertad y sinceridad que en algún sentido los habrá perturbado y en otro los habrá enriquecido. Conocieron a mucha gente interesante que los trataba con respeto. Los consideraban personas chiquitas, y no proyectos de personas. Los hijos tenían buena relación con Jorge García, que en aquel momento era pareja de Pirí.*

Alejandro Peralta nació con agenesia en una mano. Lili Mazzaferro destaca la forma en que lo educó Pirí: –*Ella no lo sobreprotegía, y eso es algo que yo rescato. Muchos la criticaron por su presunta desatención a este hijo, pero yo creo que gracias a eso, uno lo veía desenvolverse y no se daba cuenta del problema que tenía. Alejandro era un chico extraordinario y muy sensible. Yo lo quería como a un hijo.*

Miguel Briante: –*Los chicos eran muy libres y se criaron entre todos nosotros. Alejandro, que después se suicidó, iba mucho al bar "Moderno", ahora "Bárbaro". Era muy inteligente y escribía muy bien. Carel trabajó conmigo y en el '77, después que desapareció Pirí, se fue del país. Tabita ya estaba viviendo en Europa desde hacía varios años atrás.*

Pirí y Carlos Peralta se separaron en 1958. Mantuvieron desde entonces una relación amistosa. Era frecuente verlo a Carlos en las reuniones que se realizaban en el departamento de El Hogar Obrero, donde quedó viviendo ella con sus hijos.

Verbitsky: –*Pirí nunca aceptó ningún límite. Su vida afectiva fue sumamente complicada. Se separó de Carlos Peralta cuando los chicos tenían menos de diez años.*

Ferreyra: —*Habían dejado los pañales, las mamaderas y todo eso y ya tenían un poco más de independencia. Ella hablaba de un cambio en su vida. Cuando tuvo que ser madre, lo fue y se lo bancó, pero después le pegó una patada a la cosa, al tema de seguir colgada de los chicos y se lanzó a otra cosa.*

H.V.: —*Se lanzó a vivir intensamente la actividad intelectual, profesional y sentimental. Era una mujer de amores devastadores. Vivía sus relaciones amorosas como irrepetibles, dramáticas.*

L.F.: —*Ella fue la tercera mujer de Rodolfo Walsh. Su relación duró tres años. No llegaron a vivir juntos mucho tiempo porque él tenía la casa en Tigre y pasaba gran parte del tiempo allá. Cuando yo comencé a salir con Rodolfo la conocí y me hice gran amiga de ella.*

Lili Mazzaferro: —*Antes de la separación, la cosa venía mal con Carlos. Eran increíbles: hicieron una gran fiesta celebrando la separación. Después siguieron siendo amigos.*

Raquel A. de Castro: —*Las últimas veces que la vi ya estaban divorciados. Cuando estaban juntos yo los veía muy bien. Los dos eran muy inteligentes y su relación era muy respetuosa, con mucha libertad a lo mejor, pero muy respetuosa.*

❖ ❖ ❖

Alejandro Peralta, el segundo hijo de Pirí y Carlos, se suicidó en el mismo lugar elegido para morir por su bisabuelo, Leopoldo Lugones: las islas del Delta. Y casi en la misma fecha que su abuelo, el padre de Pirí. Alejandro se mató el 1º de diciembre de 1971. Con características y motivaciones totalmente diferentes, esta muerte, sin embargo, se sumaba a la vida trágica de los Lugones, que algunos años después incluiría el asesinato de Pirí.

De una personalidad sumamente sensible, Alejandro se había vinculado, en la década del sesenta, con los grupos que acompañaban el surgimiento del rock nacional. En el momento de su suicidio, estaba atravesando una profunda depresión, agravada por la muerte de su amigo Manolín, el hijo de Lili Mazzaferro, a quien habían matado unos meses antes durante un tiroteo entre la policía y un comando guerrillero de las Fuerzas Armadas Peronistas (FAP), en Rincón de Milberg, cerca del Tigre. La trágica decisión de Alejandro conmocionó a familiares y amigos. A medida que se iban enterando, muchos se trasladaron al departamento de El Hogar Obrero.

Julia Constenla: —*Fue durísima la muerte de Alejandro. Me llamó Lili Mazzaferro para decírmelo. Alejandro fue un chico muy sensible, extremadamente sensible. Fue un hecho tremendo que afectó muchísimo a Pirí. Cuando me enteré, fui inmediatamente a verla a El Hogar Obrero y ahí me entero de que la que había tenido que reconocer el cadáver había sido Lili, que unos meses antes, en la misma comisaría, había identificado a su hijo, cuando lo mataron en el Rincón de Milberg. Pirí estaba destruida y tenía en sus manos un cuaderno de Ale, un diario de su vida, que ella conservó por mucho tiempo. Después de todo esto, no soportó más el Tigre y nos convenció de que alquiláramos la misma casa que alquilaba ella, al lado de la de Rodolfo Walsh.*

En el momento del suicidio de Alejandro, Pirí estaba viviendo con quien fue su última pareja, Carlos Collarini, un médico con quien compartió la militancia y que fue secuestrado y desaparecido poco tiempo antes que ella.

Lilia Ferreyra: —*Cuando nos avisaron lo de Alejandro, fuimos con Rodolfo Walsh al Tigre. Ella ya estaba allá con Carlos Collarini. Después fuimos a su casa y nos quedamos todos juntos. A la casa iban cayendo amigos y ella, casi en un exceso por no aflojar, atendía a la gente. Llegó un momento en que Carlos y Rodolfo dijeron: "Basta. Paremos con esto y hagamos que aterrice porque si no después va a ser peor". Realmente fue un golpe brutal. Ahí se paró todo y nos fuimos los cuatro (Pirí, Carlos, Rodolfo y yo) a la estación de ómnibus, a buscar un micro que saliera para cualquier lado, no importaba adónde. La cuestión era irnos y llevarla a Pirí. Nos fuimos a la costa, a Villa Gesell. Viajamos toda la noche y llegamos a la mañana. Entonces nos fuimos a caminar por la playa y sentado en la arena, con un nene chiquito, estaba Horacio Verbitsky. Este tipo de cosas se dieron repetidamente en nuestras vidas. Eso no estaba armado, ni pensado, pero teníamos una especie de imán. Y pasamos juntos todo ese fin de semana.*

Capítulo 2

Una mujer, muchas mujeres

Pirí Lugones a los 20 años.

El humor y el amor. La ley es la transgresión. Mentes que brillan. Caliente o frío, o del amor al odio. El dinero es sólo un detalle. La mirada severa. Lo mío es tuyo. Devorar el presente. El teatro de la vida y otros juegos. Theda Bara.

¿Cómo era Pirí Lugones? Difícil hallar una síntesis que permita aproximarse a una respuesta certera, unívoca, si es que ello es posible en algún ser humano. Ella era un ser complejo y rico como otros, pero con una historia diferente que complica las definiciones. Hay aspectos o rasgos que quedaron más grabados que otros en la memoria de quienes la conocieron. El humor fue un componente importante en su vida, pero no el humor risueño y jocoso, sino el ácido, incisivo, aun cruel. Hay quienes la recuerdan siempre riéndose, burlándose de todo con desenfado. La burla, como una forma de afianzar su sentido de la libertad, de ir más allá, de transgredir, de conmover lo inamovible. De anarquismo, de no dar nada por sentado. De antidogmatismo.

Tal era el sentido de su humor. Transgresora como pocas, su vida hizo de la transgresión una constante, su final fue su intento de darle un sentido trascendente, de cambio total, de "revolución". Pero habría que detenerse en las palabras de su amiga Aída Bortnik para entender cabalmente esta definición. *"Ella –dice– no se proponía ser transgresora, sino no respetar lo que no le parecía respetable, ya sea de la vida social, religiosa, moral o política. Sus códigos eran bastante claros y honestos, pero no hacía el menor esfuerzo por respetar códigos en los que no creía."* Se negaba a aceptar límites, se esforzaba por ir corriéndolos. Ella misma era objeto de su propio humor, de su propio ponerse en ridículo, de descolocarse, como hacía con los otros. Un gran sentido del ridículo, entonces, mostraba su inteligencia. Que brillaba también en su capacidad de debatir acaloradamente sobre todo: cine, literatura, estética, política, sexo. Y en su capacidad de trabajo. Por otra parte, era poseedora de una sólida cultura, y una gran lectora.

No estaba hecha para las medias tintas ni para los susurros. Sus opiniones salían firmes, fuertes, directas, tanto que podía sentirse que "pesaban". Era dura, implacable y temperamental en las discusiones cuando se trataba de defender su posición. Juzgaba y valoraba de una vez, no exenta de arbitrariedad, sin términos medios, rigurosa y severa consigo misma y con los demás. Con un ejercicio de la crítica implacable que hacía desear a muchos no tenerla por enemiga.

"Fuerte." Ese es otro rasgo con el cual se la señala. Era franca: amaba u odiaba declaradamente y era absoluta en cada uno de los extremos. Capaz de herir como un estilete filoso u otorgar la gracia de su ternura sin atenuantes. Apasionada. Todo lo que hacía o emprendía era a fondo porque el presente era lo único que ella podía construir, aunque ello significara consumirlo, pulverizarlo. Allí radicaba la tensión permanente. Capaz de exabruptos, de reacciones inesperadas, de palabras o gestos espontáneos, sin

cálculos, sin filtros. Dicen que era así porque quería saber ante quién estaba a través de la reacción de su ocasional interlocutor. También se mostraba en las cosas cotidianas, como que era una excelente cocinera y capaz de preparar el mejor manjar con dos pesos en el bolsillo. Pues tuvo que ser hábil, ingeniosa para resolver los altibajos en su relación con el dinero dondequiera que la encontrara: en la comida, en la ropa, en el maquillaje, en un café.

❖ ❖ ❖

Otra marca indeleble en la memoria de quienes la trataron es su generosidad, su dar sin límites, como hacía todo. Sus amigos gozaban de esa generosidad derramada en comidas, en un techo donde pasar los malos momentos, o en su apoyo para conseguir trabajo o dar los primeros pasos en una profesión. Era inquieta y estaba en todos lados: en el Instituto Di Tella, en una exposición, en un concierto. Quería abarcar lo más. Era abierta a las nuevas iniciativas artísticas, aun siendo de una generación anterior a aquella que estaba intentando trastocar el mundo en la década del '60; una bisagra entre lo viejo y lo experimental, un nexo entre lo consagrado y lo nuevo, atenta a lo último que se estaba proponiendo en arte o en música, y dispuesta a apoyarlo. Para muchos de sus contemporáneos iba a la vanguardia, se adelantaba a su tiempo; para otros, era la síntesis de su tiempo. Su prosapia aristocrática se le notaba en una presencia refinada y sofisticada, en un porte de señora, o más bien de *"emperatriz"* o *"reina"*, otras definiciones con que la piensan sus amigos. Y con su aire altivo y desafiante que, quizá, rayaba en un exceso de orgullo o de soberbia.

La seducción era un argumento que sabía utilizar hábilmente. Era dueña de un gran sentido lúdico que solía poner en práctica en sus reuniones sociales e intelectuales. Era agresiva, provocadora, bravucona, mordaz hasta llegar a ser temida por algunos. ¿Tanta dureza, tal vez, era sólo una máscara de su identidad? Difícil hallar una definición. Imposible.

❖ ❖ ❖

¿Cómo era físicamente? Cuando niña había sufrido una enfermedad, una coxalgia, o una tuberculosis de cadera, según distintas opiniones, por lo cual le quedó como secuela una renguera no muy notoria. Era morocha, más atractiva que linda, según la mirada de quien la evoque. Su cabello muy negro, largo, en algún momento corto, ondulado. Era muy seductora y tenía ángel. Su voz era particular, reconocible su modo de hablar, con un tono altanero, aristocrático. Tenía tez blanca y ojos oscuros y profundos que maquillaba en forma abundante; largas pestañas, propias o postizas. Era de buen porte, de altura media y físico macizo. Tenía una sonrisa característica, desafiante, irónica. Para su ropa prefería los colores oscuros; el negro era su predilecto. Se vestía con elegancia aunque sin ostentación ni lujos. En algunas ocasiones usaba sombrero. Y no se desvivía por los detalles en el arreglo.

A la pregunta de cómo era Pirí, Carlos Barés responde: –*Era una persona difícil para estar con ella, inteligente; una mujer que si uno pudiera compararla con alguna actriz por su carácter, por su fuerza, podía ser una Bette Davis, aunque podía ser frívola y superficial como Jean Harlow.*

Daniel Divinsky, editor, también apela a otra mujer para poder definir su imagen: –*Era flaca, desgarbada, con unos ojos negrísimos, intensos, de una mirada penetrante, que solamente conocí igual en Violeta Parra, que fue bastante amiga mía... Se movía con mucha agilidad –a pesar de su impedimento físico–, de forma que trataba permanentemente de insistir en que no le provocaba ninguna minusvalía. A veces era muy "regia" para arreglarse exteriormente y otras no le importaba mucho, dependía de la época o de con quién estuviera en ese momento. También tenía una cosa de gran señora en sus modales...*

✧ ✧ ✧

Hay numerosas anécdotas que hacen más vívido el recuerdo y la imagen de Pirí y van completando su retrato. Algunas hablan de su interés por impactar al que se le acercara, cosa de dejarle una marca imborrable de sí misma. ¿Impactar o espantar? ¿Jugarreta o agresión? Vericuetos de su personalidad. Al respecto, dice Aída Bortnik: –*El día que nos conocimos, en 1961, estaba en la casa de Carlos Peralta, su ex esposo. Ella de pronto se sentó al lado de mí y me dijo, sin ninguna introducción: "Soy Pirí, la ex de Peralta. Me dicen que vos sos muy interesante. ¿Por qué dicen que sos interesante? ¿Qué hiciste?". Yo le respondí: "Nada", y ella a su vez me volvió a preguntar: "¿Cómo nada?", y yo le repetí mi respuesta: "Nada", a lo que ella ironizó: "Sos grande para no haber hecho nada...", yo insistí: "Bueno, pero no hice nada". Ella: "Entonces charlemos un rato a ver por qué sos interesante".*

Laura Yusem, directora de teatro, también recuerda cómo conoció a Pirí: –*Fue en 1965. Un amigo mío, León Rozitchner, me llevó a una fiesta en la casa de Pirí, que en ese momento vivía en el edificio de El Hogar Obrero. Yo era muy tímida y hacía bastante tiempo que no vivía en Buenos Aires, pues había estado en Cuba; era muy joven y en esa reunión tuve un comportamiento, digamos, ausente. Cuando nos vamos,* **León me comenta que Pirí le había dicho que yo era una tarada, linda y** tarada. Lo había criticado a León por llevar a una chica que tenía esas características.

Claro que también cabía la cordialidad en las presentaciones. Estela Blanchard señala: —*Yo vivía a dos cuadras de la casa de Carlos y Pirí; allí los conocí en una reunión de amigos. Al día siguiente se vinieron a mi casa y me preguntaron: "Decime, ¿vos nos querés a nosotros como nosotros te queremos a vos?. Así nos planteamos las cosas para no hacernos ilusiones". Esto fue en el año '55.*

Amaba u odiaba y no tenía empacho en declarar ninguno de estos sentimientos. Lilia Ferreyra lo vivió en persona al inicio de su amistad: —*Cuando yo ya era pareja de Rodolfo y lo de él y Pirí era una relación de amigos, Rodolfo quería que yo conociera a sus amistades. Un día Pirí nos invitó a cenar a su casa. Me habían dicho que ella cocinaba muy bien. Cuando nos sentamos a comer llevó a la mesa un pollo con puré de papas y, como yo soy cumplida, le digo: "¡Qué rico está el pollo!". Ella me responde: "Es de rotisería". Se hace un silencio, lo miro a Rodolfo y digo: "Bueno, pero el puré está muy rico también". Ella insiste. "Es puré Chef, de los que ya vienen preparados". Claramente, no había cocinado para mí y me lo quería hacer notar. Al principio no aceptaba otra pareja de Rodolfo, pero luego nos hicimos muy amigas.*

Todo o nada, con el dinero también mantenía una difícil relación. Julia Constenla dice, al referirse a la ropa: —*Era una propulsora de la transgresión como método. Ello se expresaba también en la forma de vestir, pero en este caso se hacía lo que uno económicamente podía. Transgredíamos con la ropa porque era más fácil, vestirnos con el "harapo look" que a la moda, es decir, no teníamos un tailleur de gabardina, simplemente porque no podíamos comprarlo. Pirí era capaz de hacer el más estupendo de los vestidos para salir de noche con una cortina vieja de su abuela. Salía hecha una diosa.* Irma, vecina de Pirí, agrega: —*Cada vez que tenía una fiesta, iba y compraba cualquier tela en una casa que se llamaba "Choia". Se hacía con eso un vestido, en unas horas no más, a la tarde, porque a la noche tenía la fiesta. Siempre se la veía espléndida y la tela le había costado 20 centavos, dos mangos.* Aída Bortnik tiene otra opinión: —*Pirí no era ni llamativa ni extravagante para vestir. Yo creo que era sobria, pero lo que pasa es que, de pronto, se compraba un tapado rosado porque se usaba arreglarse bien para ciertas ocasiones y no sólo se lo ponía para una fiesta, sino que andaba en moto con el tapado.*

También se las ingeniaba para cocinar en esas condiciones, amén de ser una excelente cocinera. Dice Poupée Blanchard: —*Ella iba a un negocio de alimentos muy importante en aquella época que se llamaba la "París" y preguntaba, con un tono exageradamente aristocrático: "¿Hay hueso?". Con eso hacía unos platos estupendos. Dos espe-*

cialidades que se recuerdan particularmente eran los dulces y los arroces que preparaba.

Dada su situación económica generalmente difícil, Pirí llegaba a actitudes insólitas para superarla. Recuerda Blanchard que *"había una película que ella quería ver, pero no había un mango para sacar las entradas. Y fue a empeñar al Banco Municipal el único anillito que le quedaba para sacar dos entradas, para ella y para Carlos Peralta. ¿A quién más se le ocurriría algo así?".*

Lili Mazzaferro recuerda que les gustaba mucho usar sombreros y que una forma de procurárselos era la siguiente: *—Como no teníamos dinero, transformábamos las cosas. Yo me ponía debajo del balcón de la casa de la vieja Lugones y Pirí me tiraba cajas de bombones. Nosotras las forrábamos y les poníamos flores, y con esos "sombreros" caminábamos por la calle, no entiendo cómo, sin que se nos cayera la cara de vergüenza. A veces le sacaba zapatos que eran del tiempo de ñaupa y yo los usaba.*

Otra anécdota con respecto a la moda la memoriza Blanchard: *—Ella siempre recibía revistas de moda extranjeras. Le gustaba estar a la moda. De repente había venido la moda de la sombra blanca para los párpados, pero acá era muy difícil de conseguir y carísima. Entonces se puso témpera blanca y así andaba. ¡Era de una audacia! Y tenía un gran desparpajo.*

Desopilante, desenfadada como cuando se baña en Mar del Plata, hacia fines de la década del '40, clara imagen que surge de la memoria de Lili Mazzaferro: *—Se había peleado con su novio, Carlos Peralta, se sentía muy mal y la invité a Mar del Plata. No tenía malla, por lo que usaba una pollera larguísima, floreada y un pañuelo en el cuello y los ojos muy maquillados como siempre. Un personaje como éste en el Club Mar del Plata era increíble.*

Era audaz en esto y en otras cosas. Irma recuerda cómo la veía la gente: *—Como una estrambótica, hacía lo que quería. Usaba collares, anillos en todos los dedos... Pasaba Pirí y la gente se daba vuelta porque realmente era muy linda, muy llamativa y muy loca a la vez. No pasaba desapercibida jamás.*

Horacio Verbitsky sostiene que *"a ella le importaba un bledo la formalidad, pero por su origen familiar y su educación conocía sus códigos, y cuando se encontraba con alguien que también los conocía, lo fastidiaba en broma con una apelación a esos códigos en los cuales ya no creía".* Por ejemplo, una vez entró a la librería de Jorge Álvarez –donde trabajaba Pirí– don Arturo Jauretche, un notable ensayista que abrazó el yrigoyenismo y luego el peronismo, y que murió en 1974. Empezó a hablar con ella y entonces Pirí lo miró fijo y le dijo, con tono severísimo, irreverente: *"Sáquese el sombrero para hablar con una dama".* Jauretche, muy asustado, se sacó el sombrero y en ese momento Pirí se largó a reír con ganas. *"Si se animaba a eso con él, ¿a qué no se animaría con el resto del mundo?"*, se pregunta Verbitsky.

✧ ✧ ✧

Muchos recuerdan que la decoración de su casa tenía también su sello personal. Cuando no había con qué, armaba su casa con tres o cuatro cosas, y las iba cambiando a cada rato. Lili Mazzaferro: *—Una vez, en su departamento de El Hogar Obrero, puso unas cortinas de papel plateado que hacían un ruido infernal al más leve movimiento. A mis protestas, ella respondía que estaban de moda.*

Su colcha de cama preferida era un mantel que había pertenecido a su abuela. Pirí se ufanaba de ello. Hacía cambios constantes; podía llegar a pintar el techo de negro y al poco tiempo cambiarlo por un empapelado floreado. Había muchos almohadones sobre el piso, muy del gusto de la época en Buenos Aires. Algunos tules aquí y allá. La libertad y la anarquía eran su estilo. Pocos muebles. Algún recuerdo borroso señala un predominio granate o rojo en la decoración y una tendencia a los bordados, a las borlas y a los flecos.

Roberto Pastorino señala otro hallazgo: *—Me acuerdo de los diarios con los que había empapelado por lo menos una habitación de su departamento. No recuerdo exactamente si era* **La Montaña**, *el periódico de la etapa socialista de su abuelo y de José Ingenieros, por 1890.*

Carlos Barés describe cómo era la decoración de esa casa: *—Frecuentemente hacía cambios, pasaba la cama de una punta a la otra, por ejemplo. Era una casa muy particular, no muy simple. Podría ser descripta como entre la de una intelectual y la de una frívola, donde se encontraban las montañas de libros y al mismo tiempo collares de cuentas, mantones y objetos curiosos, raros... Era una mezcla de casa de intelectual y boutique. Todo estaba en exhibición.*

Mostrar, mostrarse, llamar la atención, reclamar atención de alguna forma. Autenticidad, no ocultamiento de los afectos, de los odios o de los amores. Ir de frente, ser franca. Y eso resultaba tan chocante, a veces. Sin los filtros de la racionalidad calculadora. Los muchos amigos que pasaron por allí recibieron, con todo y en medio de ese particular estilo de vestir una casa, su afecto y solidaridad. Era un lugar al cual uno podía llegar a cualquier hora y ser recibido con cordialidad cuando andaban en baja en su vida sentimental.

Fue este el caso de Miguel Briante: *—Yo viví en la casa de Pirí, que era muy generosa. Cuando uno estaba sin dónde ir porque lo echaba la novia o la mujer siempre iba a parar a su casa. Pirí nos cuidaba, y cuando* *nos despertábamos para ir a trabajar, ella también se levantaba de la cama y se fijaba si uno estaba bien vestido o no. Siempre cuidaba eso. Hubo un momento cuando en la casa de Pirí vivían los escritores Ismael Viñas y Ricardo Piglia, además de mí, que dormía en el living.*

Estaba siempre dispuesta a tender una mano, a brindar ayuda. Para los amigos, todo.

Lili Mazzaferro: *–Estuve seis meses viviendo en su casa porque me habían operado de apéndice y luego tuve flebitis. Ella me cuidó todo ese tiempo.*

Y **Julia Constenla:** *–Ella y yo teníamos un amigo que sufría una enfermedad terminal y muy dolorosa. Ella fue la que se bancó todo su cuidado, ya tenía a los tres chicos y no andaba nada bien económicamente, pero iba a cuidarlo. Este chico enfermo no podía conseguir morfina para aliviar sus dolores y Pirí salía a buscársela, y no me pregunten cómo, pero se la conseguía. Estuvo a su lado, hasta que ese muchacho murió.*

También Walsh supo de esa cualidad. Lilia Ferreyra señala: *–Quería mucho a Rodolfo. Él siempre andaba vestido así nomás, medio zaparrastroso. Un invierno, él andaba con un sobretodo viejo y ella se apareció un día y le regaló un sobretodo que era una especie de capote verde, tipo coronel soviético, largo hasta los tobillos. No sé cómo hizo porque en esa época no tenía un mango. Por supuesto Rodolfo lo usaba encantado. Ella era así, de gestos regios, espléndidos.*

✧ ✧ ✧

Bien típico de los años '60 son las numerosas e intensas actividades sociales que se generaban. La gente iba y venía de un reducto a otro, de una casa a otra. Había verdaderos 'raids' sociales. A veces había quienes pasaban por cuatro o cinco fiestas por noche. Eran muy concurridas las reuniones que realizaba Pirí en "El Palacio de los Patos", en la calle Ugarteche, a una cuadra de la avenida Las Heras, posteriormente en la casa de su tía Raquel, y luego en El Hogar Obrero. Reuniones a cada rato, todo el tiempo. Su hogar era un departamento abierto, con espacio para todos, y esos todos a veces eran muchos. Solía haber gente de teatro como Carlos Somigliana, Ricardo Halac o Tito Cossa; músicos como Juan Carlos "Tata" Cedrón o Tanguito; escritores como Germán Rozenmacher, Ricardo Piglia, Manuel Puig, Francisco "Paco" Urondo, los hermanos David e Ismael Viñas, Tomás Eloy Martínez; el dibujante Quino, León Rozitchner, Oscar Hermes Villordo...

Algunos definen estas reuniones como de personajes medio surrealistas; otros dicen que allí, en esa vecindad tranquila, *"caían reos y reas que venían a hablar de literatura, de pintura, de música"*. O que eran reuniones de *"locos"*. El gran espíritu lúdico de Pirí se ponía bien de manifiesto, dice Miguel Briante: —*Me acuerdo que se jugaba a la balsa; había que ver a quién tiraríamos al mar si tuviéramos que arrojar a alguien de la balsa. Eran juegos crueles, y creo que eran parte del componente agresivo de Pirí.*

Constenla también resalta este rasgo: —*Las reuniones eran más bien lúdicas, era todo muy jubiloso. Nos encantaba jugar. Se inventaban entretenimientos y Pirí arreglaba la casa cada vez de un modo especial, distinto. Creaba una comida, y cada semana era una cosa distinta y con gente siempre estimulante y brillante.*

Carlos Barés recuerda cómo se vestía Pirí; el vestuario era parte del juego: —*A ella le gustaba jugar a la actriz. Una vez Sabato le vio cierto parecido físico a Theda Bara. Entonces Pirí empezó a pintarse como ella, usaba una boquilla y se disfrazaba de ella en su casa para recibir a sus amistades.*

También tuvo muchas veces juegos o actitudes temerarios, como la que le tocó vivir a Ricardo Halac: —*Una vez íbamos en mi auto. Yo manejaba y ella, de pronto, puso el pie en el acelerador. Me molesté mucho y le pedí que lo sacara porque íbamos a chocar. Ella no quería, hasta que al cabo de unos minutos lo sacó.*

Festejaba especialmente su cumpleaños, el 30 de abril, con prolongadas y bulliciosas reuniones. Y en todos estos encuentros se discutía sobre teatro, cine, política, literatura, psicoanálisis. Se daba a conocer en primicia alguna obra de teatro o algún cuento. Se armaban y desarmaban parejas, a veces, en situaciones que eran verdaderas puestas en escena de tragedia o comedia, del más alto vuelo. Pasaba de todo.

Cultivó mucho la amistad, preferentemente con hombres, aunque no por ello careció de unas cuantas amigas cercanas a su corazón. Pirí tuvo una vida amorosa complicadísima y variada. Ejerció su conciencia de ser libre también en su vida afectiva. Y sus experiencias fueron vividas con extraordinaria intensidad. Como todo. Siendo ella misma. Durante un censo en los años '60, un encuestador le preguntó sobre su estado civil. *"Ambiguo"*, respondió Pirí con total normalidad, desconcertando, como sólo ella sabía hacerlo, al desprevenido interlocutor. Siendo ella misma.

✧ ✧ ✧

Jorge Timossi, escritor y periodista argentino radicado en Cuba:

Pirí, la luz

Me costó escribir estas líneas. Días y días anduve revisándolas, retrasándolas, volviéndolas a comenzar nada más que en mi mente, en mis recuerdos, porque en el papel en cambio no había podido borronear ni una sola letra. Tengo por lo menos un par de disculpas: el pudor de escribir sobre la muerte, aunque sea contra la muerte, por el simple hecho de estar vivo, y el tener que escribir sobre Pirí Lugones, sobre su desaparición oscura, cuando para mí fue y será siempre pura y viva luz.

La conocí en mi adolescencia, en el corazón de un grupo de amigos, del cual, prácticamente, sucumbió la mitad y sobrevivió la otra. Cuál es cuál, y quién es quién, no importa para este testimonio, y porque cada uno de los que conformamos aquel grupo lo sabe en sus certezas, en sus dolores, en sus cicatrices, o en sus heridas fatales. Pirí lo sabe, no me cabe la menor duda, como siempre lo sabía todo con antelación por su extraño poder de clarividencia e intuiciones. Y digo prácticamente por la también obvia razón de que se vive o se muere nada más que en la práctica, y porque la conciencia del adverbio a lo mejor le preste más presencia, más consistencia real, a estas líneas por poco irreales, que sólo aspiran, por fin, a ser un mínimo detalle verdadero de aquella mujer, de esa amiga que fue Pirí.

Nada más que nombrarla: Pirita, fósforo blanco, ignición, combustible, chispas, otra vez, de la vida y de la muerte. Si hoy, a tantos años y tantos sucedidos, me preguntara cuál es el ser humano más ardidamente vital que he conocido en el universo, la respuesta sería Pirí, la de la risa y el encono, la del juego y el profesionalismo, la de la magia y la percepción de la realidad, la de la ternura y el desprecio. ¿Cómo se las arreglaba para tener al mismo tiempo la sonrisa triste y los ojos jubilosos? ¿Por qué nos sorprendía con la mirada lánguida y la palabra mordaz? Teníamos que girar alrededor de ella como mariposas en la luz, una luz que sin embargo nos llevaba, nos imponía, la mayor de las libertades, la mejor de las celebraciones. La tropezaba en una esquina de Buenos Aires, arrastrando a toda una Argentina, llevando el mundo a cuestas, o la encontraba en su casa, sucia de papeles, de artículos, de redacciones, de cigarrillos inacabados, con toda la lluvia encima, desgreñada de sus propias ideas, de sus necesidades, de sus anhelos, pero presta, siempre dispuesta, a atender al ripio de un poema, a regalar el título de un reportaje, como sólo ella sabía regalar su vida y, por lo que se ha visto o no se ha visto, su estimable e indefensa muerte. ¿Por qué hacía de su cojera el paso de la más eterna y delicada de las bailarinas, el avance cauteloso de una felina, o el encaje justo de la desencajada cadera de una percanta de arrabal? Claro, era una luz que no quemaba, que no consumía, que provocaba, que incitaba a la creación, a la entrega, y frente a la cual, eso sí, había que estar atento, despierto, y en lo posible lúcido, porque de lo contrario ella enarbolaba su esquinazo, su burla de payasa, o ese insulto corto, seco, que salía de una boca inclinada por una comisura a la alegría y por otra a la desesperación.

Dejé de verla con frecuencia en el '59, cuando nos enamoramos de Cuba, con la compartida alegría fundacional de la agencia de noticias **Prensa Latina**. Y yo emprendí un viaje sin regreso y sin saber que ella

Pirí a los 25 años.

Leopoldo Lugones en su juventud.

Escudo de la familia Lugones, de antiguo raigambre americano.

Lugones con su esposa, Juana González, y su hijo Leopoldo, padre de Pirí.

Lugones con el dirigente socialista Alfredro Palacios, en Mar del Plata.

Lugones arengando desde un balcón de Buenos Aires.

Fernández Moreno, Horacio Quiroga y Giusti, entre otros, junto al poeta.

Comisario Leopoldo Lugones (h) en un interrogatorio para la foto.

Leopoldo Lugones (h).

*Tapa de **Crítica** denunciando al comisario, a quien compara con el conocido criminal "El Petiso Orejudo".*

Dirigió la policía política en el gobierno de Uriburu

El comisario inspector retirado Leopoldo Lugones se suicidó, como su padre, de un tiro en la sien

Veinticuatro horas después de la muerte del ex gobernador de la provincia de Buenos Aires, doctor Manuel Fresco, otro importante personaje ligado a la época y surgido también de la revolución del 6 de setiembre de 1930, se quitó la vida: Leopoldo Lugones (h).

Leopoldo Lugones, hijo de uno de los más grandes poetas de habla hispana, se disparó un balazo en la sien derecha en horas de la mañana de ayer, en su casa de la calle San Nicolás. Contaba 73 años de edad.

Su vida estuvo signada por dos circunstancias significativas: la herencia literaria de su padre y su borrascoso paso como funcionario policial del gobierno Uriburu.

De su padre no sólo heredó los derechos de autor, sino también el ideario nacionalista de la época. Militó activamente en los grupos civiles de choque que actuaron en el golpe militar que derrocó al gobierno de Yrigoyen.

Esta actividad lo elevó al cargo de jefe de la Dirección Política de la Policía, con el grado de comisario inspector.

Su actuación al frente de la policía está rodeada de una aureola de terror. Se lo señala como el introductor de la picana eléctrica y de una práctica de tortura conocida como "el tacho": consistía, simplemente, en sumergir a los presos políticos, boca abajo, en barriles llenos de excrementos de los propios detenidos.

Según se afirma, su administración tampoco fue muy piadosa con los sospechosos de trata de blancas, a los cuales mandaba rastrear —aplicando los principios lombrosianos— entre quienes peinaban a la gomina y usaban camisa blanca. En algunos ambientes se decía que se los detenía por "portación de camisa".

También se recuerda que los efectivos de Leopoldo Lugones (h) solían demostrar poco respeto por las leyes y por los jueces. Viejos funcionarios policiales comentan que el ayudante de Lugones, el subcomisario Kern, atendía el teléfono con el siguiente lema: "Superjuzgado del comisario inspector Lugones".

También se adjudica a Lugones la introducción, en los servicios de seguridad, de prácticas más sutiles, propias de un imaginativo escritor de novelas policiales.

En una serie de artículos publicados en 1934 en el periódico "Bandera Argentina" Lugones reveló detalles de algunas de esas prácticas. Por ejemplo, cómo introdujo un policía en la casa del general Severo Toranzo (padre de los actuales generales retirados Carlos Severo y Federico Toranzo Montero) sospechado de conspirar contra el gobierno. El agente sedujo a la cocinera y siguió durante un tiempo los pasos del militar.

Su excesivo celo se volvió finalmente contra él y debió renunciar, el 18 de febrero de 1932. También un 18 de febrero —en 1938— su padre se pegó un tiro en una isla del Tigre. Ayer, 18 también, terminó con su vida. Desde hace unos años el mal de Parkinson lo había postrado en un sillón.

Su única actuación pública, luego de su renuncia, fue un cargo como asesor técnico de la Presidencia de la Nación durante el gobierno de Pedro P. Ramírez.

Leopoldo Lugones (h) intentó incursionar, además, por la literatura. Sus libros principales fueron una biografía sobre su padre y sus ya citadas memorias.

Prologó, además, varias ediciones de los libros de su padre. Esta solía ser una condición que imponía a los editores para ceder los derechos de las obras de Leopoldo Lugones. Este, en su testamento, había escrito: "Leopoldo Lugones es uno solamente, en padre e hijo, y queda éste como guardián de mi obra".

Necrológica de L. Lugones (h) en **La Opinión**, *19/11/71.*

Pirí al año y medio.

En Mar del Plata en 1936.

Sede del Instituto Nacional Superior del Profesorado de Lenguas Vivas, en Sarmiento y Esmeralda. Foto de la década del '40, cuando se graduó Pirí.

En la isla Madeira, viaje a Europa (1936).

por su lado iniciaba otro, también sin vuelta atrás. Sólo una vez más, la última, la vi unos minutos, en una casa presurosa, cuando volví unos días en el '74 a la Argentina, acaso para otra despedida, también sin saberlo ni proponérmelo, entrañable y final. Allí estaba parte de aquel grupo de amigos, estaba Paquito, estaba Rodolfo. Ella, de pronto, me susurró, natural, con estricta limpieza, como si estuviera transmitiendo una información: "Nos van a matar a todos, pero no nos queda otra posibilidad". Hasta hoy siento esta voz, que me enseña la persistencia y la fidelidad, hasta hoy me acompaña su luz, que ilumina mi otro y el mismo camino.

La Habana, 20 de octubre de 1993

Capítulo 3
Pirí, en la trastienda

En Prensa Latina, oficina Buenos Aires, junto a Pico Estrada (1959).

La librería-editorial Jorge Álvarez. Prensa Latina.
Traducciones y eventos culturales. Versos de Huidobro.
"Yo soy creativa, vos burócrata". Ediciones de la Flor,
Tarea Universitaria, Noticias, Para Ti. Una obra teatral.

27

*La **Editorial Jorge Álvarez** fue todo un fenómeno. Su director era Jorge Álvarez y su proyecto, dar a conocer la nueva literatura argentina, a mediados de los años '60. La colección **Crónicas**... fue famosa por eso. Ahí estaba Pirí. Ella era exponente de la producción cultural de aquella época, prácticamente dirigía la editorial, traducía, escribía un texto para una agencia de publicidad, un cuento, un prólogo, seleccionaba materiales. De alguna manera reflejaba esa etapa de tanta producción literaria. Era caprichosa, pero su actitud fue siempre solidaria, más allá de las discusiones. Uno necesitaba algo, y allí estaba; quienquiera la llamara a las 4 de la mañana, y allá estaba, ésas eran sus cosas más positivas. En realidad, todo es positivo en Pirí.*

Creo que el primero que me habló de ella fue Ricardo Piglia, que la admiraba mucho por la polenta que traía Pirí. Era una mujer con mucha fuerza. A ella no le gustaba mucho mi literatura porque yo escribía siempre sobre cosas de la provincia, y ella decía que la literatura tenía que ser urbana. Entonces Juan Gelman me consolaba y me decía: "Cambiále el nombre a los personajes y ponéles nombres de ciudad...". Aquella era una época muy despelotada, muchos pasaron de la literatura a la guerrilla sin que nosotros, los más jóvenes entonces, nos diéramos cuenta.

Este testimonio, que pertenece a Miguel Briante, da cuenta de uno de los períodos más laboriosos de Pirí en el mundo editorial. En diferentes momentos, desde comienzos de la década del '50, ella trabajó con mayor o menor frecuencia en las revistas **Ciencia e Investigación**, **Argentina de Endocrinología y Metabolismo**, **Tarea Universitaria**, **Mucho Gusto**, **Damas y Damitas**, en la agencia **Prensa Latina**, **Editorial Abril**, diario **Noticias**, revista **Che**, en publicidad y producciones fotográficas con Pedro Roth, y en la revista **Atlántida**, pero fue en la **Editorial Jorge Álvarez** donde su despliegue de trabajo tuvo, acaso, los mejores frutos. Ese lugar, además, se convirtió en un centro difusor de las letras argentinas y latinoamericanas, seguramente el más impactante del país en su momento. La editorial publicó a García Márquez, Benedetti, Roa Bastos, y entre los argentinos, a Dalmiro Sáenz, Silvina Bullrich, David Viñas, Rodolfo Walsh, Pedro Orgambide, Marta Lynch, Germán García, Manuel Puig... En 1966, **Los Diez Mandamientos** fue uno de los libros seleccionados por Pirí, con una pequeña biografía y diez cuentos de escritores latinoamericanos. Así recuerda esa época el periodista Horacio Verbitsky.

*En la librería y editorial **Álvarez**, que estaba en la calle Talcahuano, entre la avenida Corrientes y Lavalle, Pirí se convirtió en animadora principalísima de un movimiento intelectual, cultural, vinculado a la edición de libros sobre todo de autores jóvenes, con un estilo de edición distinto al tradicional, con mucho peso del editor. Por ejemplo, se tomaba* *un tema y se le encargaba a distintos escritores un cuento sobre ese tema. Esa serie se llamó* **Crónicas**, *y recuerdo en especial el titulado* **Argentinos en Cuba**, *en el cual colaboraron Jorge Masetti, Walsh y otros. En esa librería, ella era un poco de todo: directora literaria, correctora de pruebas, administradora, traductora... (1).*

Y organizaba las relaciones públicas —recuerda Lilia Ferreyra—, *y los cocktails. Era como una reina.*

Poupée Blanchard: —*Sí, las presentaciones se hacían en un sótano de la librería y ella organizaba todo, mandoneaba en la editorial. Jorge Álvarez estaba encantado con ella, que organizaba todo mientras algunos de esa editorial estaban en el limbo, en la frivolidad... Recuerdo que también trabajó en* **Damas y Damitas**, *con Chiquita Constenla. Iban de aquí para allá investigando cosas.*

Respecto de sus traducciones, tal vez la que motivó mayor repercusión y escándalo fue la que hizo de las cartas de Dylan Thomas para **Ediciones de la Flor**, donde trabajó Pirí posteriormente, que fue muy satirizada por el poeta colombiano Juan Gustavo Cobo Borda.

Para el editor Daniel Divinsky, "*fue una traducción impecable, tal vez con un criterio discutible porque usó el vos, el lunfardo, pero fue impecable. Por lo demás, era eso lo que le habíamos encargado*".

"*Ocurre que Pirí le dio un tono porteño a la traducción que escandalizó a Cobo Borda. Recuerdo que Pirí tenía una presencia muy peculiar, que jugaba a cierto cinismo; tenía la respuesta fácil y un humor más bien negro, no una ironía agresiva. Yo creo que era una persona muy tierna, verdaderamente era muy tierna y yo la quería en ese sentido, pero la ironía era un arma que disparaba en todo momento*", según rememoró Noé Jitrik.

Para él, Pirí "*fue el motorcito de la* **Editorial Álvarez**. *Recuerdo que luego de escribir* **Operación Masacre** *y* **El caso Satanowsky**, *Rodolfo Walsh recupera la ilusión literaria que había dejado un poco en favor de trabajos testimoniales. Así es como publica un libro de cuentos,*

---

(1) Jorge Álvarez recuerda así esa particularidad de la Editorial. "*En los '60, la gente se dividía entre los que resolvían el mundo desde la mesa del café y los que hacían cosas. Nosotros éramos de los que hacíamos cosas. No perdíamos el tiempo discutiendo cómo lo haríamos. Lo hacíamos. Y con la editorial lo que hice fue un escándalo. Yo quería cambiar la relación que tienen las editoriales con la cultura, con el objeto libro.*" Testimonio recogido en el libro de Víctor Pintos, **Tanguito, la verdadera historia** (Editorial Planeta, Buenos Aires, 1993). Lamentablemente, fueron vanos todos los intentos para tener el testimonio directo de Álvarez para este libro.

y en eso tuvieron que ver Pirí y Álvarez. Por entonces, todos los que frecuentábamos su casa sobre la avenida Rivadavia teníamos algo que ver con la editorial y su mundo. Discutíamos muchísimo, por largas horas; recuerdo que uno de nuestros temas fue el boom de la literatura latinoamericana de aquellos años".

Otro de los muchos libros traducidos por Pirí para Álvarez —en este caso del francés–, fue **El fracaso de los brujos**, una antología reunida por Yves Galifret en 1965, acerca de la polémica entre ciencia y misticismo, que criticaba a Louis Pauwells y su exitoso **El retorno de los brujos**.

❖ ❖ ❖

Jorge López: —Trabajé muchos años con ella en la editorial, hasta que cerró allá por el '71 o '72. Ella estaba en la cosa creativa, y yo era un empleado. Entonces Pirí me hacía enojar y discutíamos. "Yo soy creativa, vos sos un burócrata de la editorial", me decía. Era muy inteligente, frontal, una mujer de imponer sus ideas, de no callarse nada, y hablaba siempre de la revolución sexual. Incluso llegó a escribir un cuento, creo que **Crónicas del sexo**, que concursó en **Casa de las Américas**.

A la editorial venían a menudo sus hijos, un encanto de chicos, hijos de Carlos del Peral, que publicó allí un libro, **Manual del gorila**. Creo que los chicos hasta colaboraron en el trabajo, en alguna tarea de cadetes o algo así. Lo que ocurre, pienso, es que la editorial no era sólo ni mucho menos algo comercial, entonces era un lugar de encuentros, de ir a poner el hombro. La actividad cultural en torno de la editorial era importantísima en el Buenos Aires de los '60. Ella tenía un talento muy especial para hacer la publicidad, las relaciones públicas... La recuerdo con cariño, viéndola llegar todas las tardes, delgada, menuda, con su cojera, fumando casi siempre, con su ropa siempre desprejuiciada. No era linda, pero tenía mucho swing, era capaz de conquistar a cualquier hombre si se lo proponía, y era muy feminista. No se dejaba estar en ese aspecto.

Para Divinsky, algo a resaltar era el trato de Pirí hacia quienes trabajaban en Álvarez: —Ella tenía una posición ética frente a un montón de cosas. Por ejemplo, el respeto por el trabajo ajeno. Jorge Álvarez era un poco descuidado tal vez, y entonces ella hacía que se cumpliera el pago de los derechos de autor a todos aquellos a quienes publicaba la editorial. En **Ediciones de la Flor** la "heredamos" a Pirí cuando cerró **Álvarez**, a principios de los '70. Ambas editoriales venían trabajando asociadas hasta 1970. Ella fue la que eligió el nombre de nuestra editorial. Aquí ha hecho trabajos muy buenos como la edición de Vinicius de Moraes, de quien Pirí se hizo amiga muy íntima. También fue importante **El libro de los autores**, que ella ideó y seleccionó, donde seis escritores argentinos, entre ellos Jorge Luis Borges, Manuel Mujica

Láinez, Viñas y Walsh, eligieron su cuento preferido de la literatura universal que se publicó con un prólogo de cada escritor explicando por qué era su texto preferido.

✧ ✧ ✧

La agencia de noticias **Prensa Latina** también la había contado en sus filas, bastante antes de su paso por la editorial. Luego de la Revolución, Cuba impulsó un ambicioso proyecto periodístico a nivel continental para contrarrestar la influencia que siempre han tenido en América latina las agencias noticiosas de Estados Unidos o de Europa. Hablar de esa empresa, en el sentido más laborioso y colectivo de esa palabra, es hablar de la Revolución, de Jorge Masetti, de Walsh, de García Márquez, de Rogelio García Lupo, de tantos periodistas y escritores comprometidos. Y de Pirí.

Pirí trabajaba en una sección que nosotros llamábamos Servicios Especiales –recuerda Roberto Pastorino–, *que consistía en la compra de artículos, investigaciones y producciones especiales que se distribuían en los medios acreditados. Creo que González O'Donnell, que estaba a cargo de la agencia aquí en Buenos Aires, la ubicó allí en el año '59 o '60. Supongo que su vinculación llegó por vía de Walsh. Recuerdo que primero nos instalamos en la calle 25 de Mayo y después nos mudamos a Bernardo de Irigoyen al 900. Pirí manejaba inglés, francés y probablemente otros idiomas. Con lo cual pienso que también aportaría traducciones. Rodolfo, desde La Habana –desde donde manejaba todos los servicios especiales para América latina–, establecía los temas.*

Recuerdo que esos tiempos eran duros –continúa–. *Las instalaciones de la agencia eran bastante pobres y, por los problemas propios de la Revolución, nuestros sueldos a veces se demoraban. Y ahí se planteaba un cierto conflicto entre los obreros de la agencia, como yo, o los que trabajábamos en las teletipos, y lo que nosotros llamábamos los "intelectuales". En las teletipos había buena gente, buenos muchachos, pero no necesariamente pensábamos igual, y entonces a los obreros era difícil explicarles, cuando lo que ellos querían era, lógicamente, llevar la plata a su casa a fin de mes. Nosotros les decíamos a los periodistas: "Che, todo muy lindo, pero llegó fin de mes...". Y no va que ahí viene Pirí y en su mejor estilo nos recita versos de Huidobro...*

Otro gran periodista y poeta argentino, oriundo de Mendoza, que pasó por **Prensa Latina**, fue Francisco "Paco" Urondo, asesinado durante la dictadura militar. Pirí lo llevó a trabajar a la agencia. *"En aquel momento, Paco debía tener algún problema personal,* *se lo veía muy triste, y Pirí lo trajo a la agencia como a un hijo, cuidándolo"*, dice Pastorino.

Casi simultáneamente con su trabajo en la agencia formó parte del 'staff' de **Che**, una revista –que apareció desde julio de 1960 hasta abril del año siguiente– dirigida por Pablo Giussani. Además de Pirí trabajaron Franco Mogni, Paco Urondo, Chiquita Constenla, Carlos Barbé, Oscar Gautman, Víctor Torres, Hidalgo y Alberto Ciria, entre otros.

✧ ✧ ✧

–García Lupo, ¿Ud. conoció a Pirí en Prensa Latina?

R.G.L.: –*Yo trabajé con ella allí, pero la conocí bastante antes, en el '53. Ella llegó un día a la redacción de la revista* **Continente** *para ofrecer un trabajo que iba a hacer su marido, Carlos Peralta. Era una publicación mensual que se editaba con el patrocinio de la Cancillería, durante el gobierno peronista. No era un medio partidario, sino para promover el arte del país en el exterior. Su director era Oscar Lomuto, que había sido secretario de Prensa de Perón. Yo trabajaba ahí y ese día llegó una mujer muy bonita que tocó el timbre y se asomó por la ventana: era Pirí. "Buenas –dijo–, queremos mostrar un trabajo". Y detrás de ella estaba su marido. El trabajaba en la revista* **Ciencia e Investigación**, *que editaba un grupo científico vinculado a Bernardo Houssay, quien después fue Premio Nobel.*

–Carlos también trabajó en la revista Cuatro Patas y en el proyecto de Tía Vicenta...

R.G.L.: –*Sí, pero en esa época él estaba en esa revista científica, era secretario de redacción. Y aceptamos el trabajo, sólo que se lo firmamos, de común acuerdo con él, como Carlos del Peral, de donde le quedó ese seudónimo.*

–¿Cómo recuerda su tarea en Prensa Latina?

R.G.L. –*Pirí viajó a Cuba y estuvo un par de meses. Allí se enganchó muchísimo con la Revolución, como le pasó a gran parte de aquella generación. Se codeó con los inicios de la agencia, con el trabajo de Walsh y los intelectuales que frecuentaban su casa, como García Márquez, César Leante y otros. A su regreso a Buenos Aires, comenzó a trabajar en la agencia en esta ciudad, junto a Chiquita Constenla y otros periodistas. Ella tenía mucho contacto con el mundo intelectual no sólo por su abuelo, sino también por su madre que, después de que se separó del padre de Pirí, estuvo casada con el escritor Marcos Victoria. O sea que Pirí siempre estuvo rodeada de escritores.*

Lo que más me quedó de su amistad era su ironía, su forma cáustica de decir las cosas...

En cuanto a la editorial **Jorge Alvarez** *–sigue García Lupo– ella* *de algún modo era la verdadera organizadora. A pesar de ser tan transgresora, ella logró coordinar, poner orden a aquella "locura" que significaba una empresa de esa magnitud para la cultura de la época. También, ya que hablamos de su trabajo, habría que agregar el que realizó durante un tiempo, a fines de los '50 también, en la revista **Tarea**, de la Universidad de Buenos Aires, que dirigía Carlos Peralta.*

La revista **Tarea** con el subtítulo **Universitaria**, comenzó a ser publicada por la UBA en 1959, durante el rectorado de Risieri Frondizi. La dirigía Peralta y el consejo asesor lo conformaban, Florencio Escardó, Rolando García, Enrique Silberstein, Alberto Pochat y Juan Carlos Marín. El jefe de redacción era Horacio de Dios y trabajaron además de Pirí, entre otros, Julia Constenla, Mario Vaeri, Noelia Bastard, Homero Alsina Thévenet, Plinio Mendoza, Carlos Izcovich, Pablo Giussani, Luis Felipe Noé, Sergio Cerón, Edmundo Eichelbaum, Kalondi, Quino, José Luis Romero, García Lupo, Susana Ramos, Miguel Brascó, Luis Pico Estrada, Copi, Katy Knopfler y Sara Gallardo. En **Tarea** se hablaba de educación, universidad, medios, reforma agraria, existencialismo, sindicatos, del hambre en América Latina y de política internacional.

En la Facultad de Medicina, en la etapa de **Ciencia e Investigación** y luego en **Tarea**, frecuentó a Carlos Barés, quien recuerda los enojos de Pirí por falta de pago en una cátedra en la que colaboraba. *"Pirí no tenía por entonces un trabajo fijo. Más bien era free lance"*, dice. Lo mismo recuerda otra amiga de Pirí, Lili Mazzaferro.

La revista **Para Ti**, de **Editorial Abril**, fue otro escenario en la vida profesional de Pirí Lugones. Cuando ella llegó, la revista era anticuada, pero de a poco, rediseñada y con una línea más "sesentista", la publicación revirtió la tendencia y comenzó a pesar más en el mercado editorial. Pirí había sido llamada precisamente para reflotar una revista que se caía. Las revistas **Panorama** y **Primera Plana** fueron otros lugares para su trabajo, pero en estos casos hacía prensa para la **Editorial Alvarez**. Y el diario **Noticias**, de la izquierda peronista en los años 70, también la tuvo en su *staff*.

Pedro Pujó, quien trabajó en el sello discográfico **Mandioca**, creado por Alvarez, recuerda que *"Pirí y Jorge se cuidaban como hermanos. Ella hacía todos los contactos con **de la Flor**, **Carlos Pérez Editor** (2) y la **Editorial Tiempo Contemporáneo**. Con algunas*

---

(2). Carlos A. Pérez es otro editor y periodista desaparecido durante la dictadura militar.

editoriales de revistas manejaba la prensa de Alvarez en contacto con el periodista Tomás Eloy Martínez".

El sello **Mandioca** (cuyo nombre completo era **Mandioca, la madre de los chicos**) es importante porque desde allí se difundió por primera vez lo que se dio en llamar el "rock nacional". Entre los pioneros de esa corriente musical estaba Tanguito, uno de los mitos más influyentes de la música progresiva argentina quien murió atropellado por un tren en 1972. El se conoció con Alvarez en la casa de Pirí, en 1968 (3).

❖ ❖ ❖

Chiquita Constenla: *–Fuimos grandes amigas con Pirí. De* ***Tarea*** *pasamos a* ***Damas y Damitas****. Nos divertíamos mucho escribiendo, o "robando"... Siempre me acuerdo de que un día, en la redacción, le pidió a uno de sus hijos una goma, y él le respondió: "¿Cuál mami, la de borrar o la de escribir?". La "de escribir" era la de pegar, de tanto que la usábamos para robar textos ajenos. Cortábamos y pegábamos. Yo antes había trabajado en una revista llamada* ***La Mujer****, de la editorial* ***Muchnik****, cuya primera tapa fue una imagen del Che Guevara, una foto de él, de chico, soltando una paloma; la misma foto que después publicamos en la revista* ***Che****, adonde Pirí también colaboró. Es casi la misma época de* ***Prensa Latina****, donde también tuvo problemas con su sueldo. Luego, junto con Franco Mogni, un periodista que también estaba en* ***Che****, realizan la traducción muy acertada de* ***Huracán sobre el azúcar****, de Jean-Paul Sartre, e inician una editorial que se funde rápidamente, porque ninguno de los dos había nacido para ser empresario.*

Oscar Smoje, diseñador gráfico. *–Trabajé con Pirí entre 1973 y 1974 en el diario* ***Noticias****. Fue ese el momento de su mayor compromiso político. Antes ya habíamos coincidido en trabajar en* ***Ediciones de la Flor****, y estuve algunas veces en su casa en fiestas de amigos. En el medio, ella ejercía tanto la traducción como el periodismo, o más bien la producción de notas. Cuando pusieron la bomba en* ***Noticias*** *fue el fin del diario, ya la cosa estaba muy pesada políticamente y mucha gente comenzó a desmembrarse.*

❖ ❖ ❖

–¿**Cómo se conocieron?**

Ricardo Halac. *–Creo que la conocí como pareja de Walsh,*

---

(3) **Tanguito**. Op. cit.

*cuando ambos vivían en el Tigre. Era una época en la que se empezaba a formar la generación del '60, y tipos como yo, Roberto Cossa, Sergio De Cecco y otros nos comenzamos a preocupar por el teatro y por la situación social del país. Ella ya estaba en la editorial **Alvarez**.*
   –¿Cómo recuerda su trabajo allí?
   R.H. *–Recuerdo una anécdota. Una vez yo había conseguido en el exterior unos cuantos volúmenes norteamericanos de una colección de libros que consistía en varios ensayos sobre un mismo autor, por ejemplo de tipos como Bertolt Brecht. Y a Pirí le gustó la idea. Enseguida me llamó para decirme que la iba a robar y empezó a sacar unos volúmenes con ensayos sobre distintas figuras. Fue una buena iniciativa. Las buenas ideas se pueden robar impunemente. Ella tenía mucho talento editorial, muchos proyectos, y los llevaba a cabo.*
   Roberto Cossa. *–La editorial **Alvarez** era un lugar donde uno recalaba cada tanto. Era un lugar de encuentro. Ella me pidió varias veces un cuento, que nunca logré terminar. Yo soy hombre de teatro...*
   R.H. *–Si no me equivoco, fue una de las descubridoras de Manuel Puig. Recuerdo que lo conocí en la casa de Pirí y ella me habló maravillas de **La traición de Rita Hayworth**. "Vas a ver qué autor interesante estamos por publicar en la editorial", me dijo. Y así fue. Tenía ojo, inteligencia para ver las cosas que valían la pena. Y no era esquemática, porque podía tanto admirar a Puig como a Walsh, o ir a ver una obra de teatro mía o de Cossa. Tenía cultura, y un gran amor por la cultura.*
   Susana escribió también varios cuentos que solía compartir sólo con sus amigos más cercanos. Uno de ellos, incluido en este libro, fue **La tanga**, editado por Alvarez en un volumen titulado **La mujer**, que contenía relatos de otros autores famosos. Otra de las facetas de Pirí, poco explorada por ella misma, fue el género dramático. En 1966 subió a escena, inaugurando el Teatro Artes y Ciencias de Buenos Aires, en Lavalle al 700, la obra **¡Peligro! Seducción...** Se trataba, dicen las crónicas periodísticas de la época, de varios sketches, improvisaciones, canciones y monólogos. El coordinador general del espectáculo fue Daniel Cherniavsky, y Pirí fue una de las autoras.

✧ ✧ ✧

Carlos Ulanovsky, periodista

Una evocación posible

Se reiría. Seguro que se reiría, ella que de la informalidad generó un culto y estableció una cultura. Hoy es 17 de octubre de 1993 y trato de concluir una semblanza de Susana "Pirí" Lugones, desaparecida en algún momento de los años iniciales de la dictadura, dicen algunos que en el 78. Hoy es otra vez 17 de octubre y para ser fiel a la lealtad digo que me cuesta trazar ese perfil.

*Tengo ante mis ojos un ejemplar de la revista **Che**, precursora del moderno periodismo en la Argentina, justamente del 17 de octubre, pero de 1960. Se publica una encuesta firmada por ella en donde personajes notables de la época, como Dardo Cúneo y Borges, Quinquela Martín y Lola Membrives, el cura Benítez, Silvio Frondizi y Agustín Rodríguez Araya, deben responder a la pregunta ¿qué hacía usted el 17 de octubre de 1945?*

A partir de la invitación de la UTPBA a escribir sobre ella me resistí todo lo que pude y recién hoy conseguí sentarme a escribir este homenaje a una amiga querida por la que en algún momento sentí mucho más que amistad. Me abruma tener que imaginarme su final. Sola, turbada, dolorida por la tortura.

En lo que puedo abundar es en referencias personales porque lo que pasó por mis ojos y mis oídos de esta señora fue su pasión a veces convertida en exceso; su firme generosidad transformada en desmesura; su indeclinable creatividad que la llevó a ser una animadora cultural de los años '60. ¿La Lugones intelectual de izquierda?: Pirí, provocadora de vanguardia. "Soy Pirí Lugones, nieta del escritor, hija del torturador", aclaraba como quien lanza una blasfemia o provoca desde el asombro.

Gustadora y entendedora de todas las artes y humanidades, persona culta y refinada sin que se lo hiciera pesar a los demás, Pirí hizo del placer, de la seducción y del agasajo a los otros una auténtica forma del espectáculo. No hubo otra igual como tejedora de oportunas alianzas, y fue seguramente esa condición que primeramente ejerció con sus amigos lo que la preparó para la política militante. Se destacó como buscadora de oportunidades y apuntaladora de proyectos imposibles para quienes lo necesitaban. Hubiera sufrido bastante en una época como ésta en la que la gente se sienta muy poco a escucharse y en la que la solidaridad pasa por ser un recuerdo inoportuno. Hubiera sufrido, ella a la que tanto le gustaba recibir en su casa, por nada, porque sí, por el gusto de compartir, por joder.

De este modo elijo recordarla a Pirí. En momentos y situaciones que me reservo y en fiestas en su departamento, en el famoso rascacielos de El Hogar Obrero, en Caballito, como una que organizó para celebrar que había instalado cortinas de papel plateado. Así la recuerdo: amiga, amiguera, amiguísima; exquisita, espléndida hoy aunque mañana no tuviera donde caerse muerta; juntadora de gente, vinculadora de amigos, vieja entregadora la Lugones, atorranta, divina, más loca que una cabra loca. Una de sus grandes especialidades fue –tantos años antes de Roberto Galán– la de juntar destinos extraviados, poner mano sobre mano, entonar los corazones, fabricar historias desde lo que ella intuía como ideal o perfecto. Yo también me beneficié con algunas de esas gestiones.

¿Qué se hizo de vos, Pirí, preciosa mujer, dama indigna, filosa ejercitadora del humor más negro, sincera a veces hasta el sincericidio, ángel de la bondad y de la maldad? Dice su trayectoria que se inició como traductora de textos científicos, que estuvo como cronista en la revista **Tarea Universitaria,** *que pasó por el semanario* **Vea y Lea,** *que fue prosecretaria de redacción en* **Damas y Damitas,** *anduvo por* **Che,** *por la agencia* **Prensa Latina,** *también por el diario* **Noticias** *y entre otros sitios certificables, por la editorial de ese genio sesentista llamado Jorge Alvarez. Ahí Pirí inventó colecciones de libros, leyó y descubrió nuevos autores, desarrolló sus perspicaces miradas sobre el fenómeno cultural y fundamentalmente jugó a su juego preferido: inventarle rincones a los necesitados. Vuelvo a avanzar en la colección de* **Che** *y me encuentro con estupendos reportajes paralelos a personajes prototípicos de principios de los años '60: Beatriz Guido vs. Isabel Sarli o Silvina Bullrich vs. Tita Merello, desde los cuales podía desarrollar sus pasatiempos predilectos: provocar con preguntas, desafiar, dejar helado al interlocutor.*

Conocí bien a dos de sus hijos, supe de todos sus maridos y de algunos de sus novios. Pienso hoy que ella llevaba adentro una llama encendida, como si fuera el piloto de un calefón, el buen fuego que jamás se apaga y la flama riesgosa capaz de provocar explosiones irreparables. Así la recuerdo: la vi bailar, la vi pensar, la vi odiar y especialmente la vi amar como únicamente las mujeres quieren hacerlo. La guardo en la memoria como una especie de involuntaria fuente de enseñanza, de mina sabia muy a su pesar y a pesar de sus traspiés.

Se reiría. Seguro que se reiría si alguien cerca de ella se pusiera a hablar de esta manera. No se creería ni medio porque era socia de honor del club de los disminuidos de autoestima. Acaso por todo esto no sé si llegó a enterarse —probablemente sí, porque en los últimos años con Carlos, le llegó el amor en serio— de que era portadora de tanto corazón, que había creado tantos tesoros de la comunicación, que dio tanta locura capaz de dar vuelta una vida por un rato. Y qué lástima enorme que no esté: sería tan lindo volver a escucharla reír.

Capítulo 4
Los sesentistas

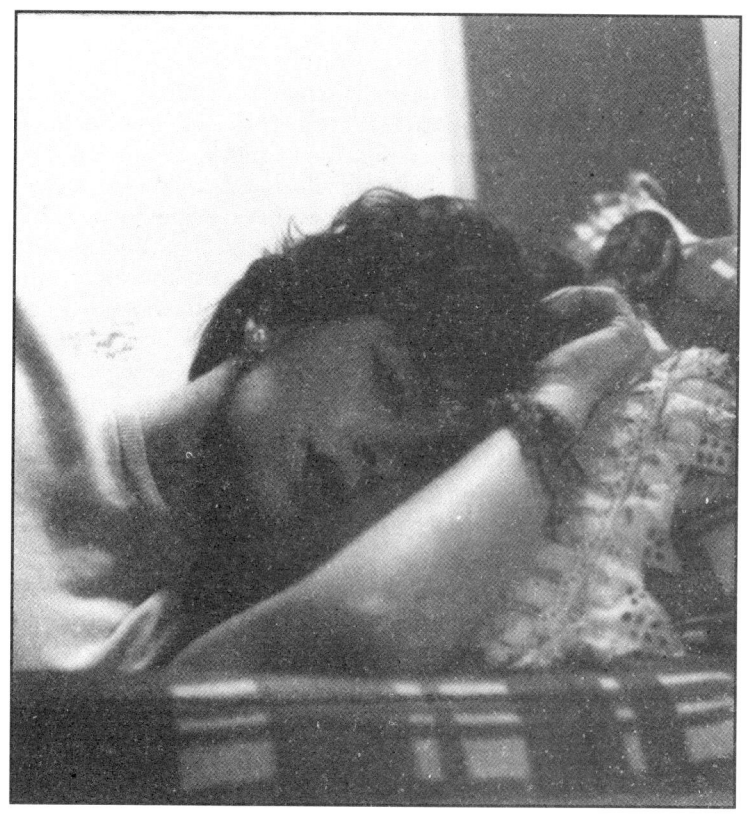

Pirí en los años '60.

La juventud dorada y la Revolución. Florida, La Paz, Politeama y otros cafés. De filósofos, pintores y atorrantes. El Instituto Di Tella. Best seller y prohibidos. Jazz, tango, rock feroz. Los bastones largos. El Arca de Noé.

A fines de la década del '50, la influencia de los procesos revolucionarios latinoamericanos se extiende sobre los intelectuales de izquierda y los sectores progresistas del peronismo. El compromiso político creciente va acompañado por un clima de efervescencia cultural que irá *in crescendo* hasta un nuevo golpe militar que, el 28 de junio de 1966, derroca al presidente radical Arturo Illia e instaura la dictadura de Juan Carlos Onganía. Un mes después, las universidades son intervenidas violentamente en la llamada "Noche de los bastones largos", a la que se señala como el fin de una época de esplendor intelectual, artístico y científico.

A lo largo de ese período, Buenos Aires vive una vorágine en donde los pintores y plásticos arman un circuito que tiene al Instituto Di Tella como uno de los principales lugares de cita. Los escritores, a su vez, se encuentran en cafés, estrenos teatrales o casas particulares donde se desarrollan prolongadas tertulias. Se combinan allí la lectura de textos inéditos, los comentarios sobre publicaciones recientes y la acalorada discusión política. La librería-editorial **Jorge Alvarez**, como se ha visto, se convierte en centro de promoción y difusión literaria. Y apoya el surgimiento del rock nacional que da una respuesta, tal vez no deliberada, a la música oficial de la juventud encarnada en el Club del Clan.

En esa época, Pirí participó de las distintas expresiones culturales. Intentó saltar el cerco existente entre los rockeros y los intelectuales –Alvarez conoce a Tanguito en su casa– y aunque frecuentaba al grupo de escritores "de la calle Corrientes", también asistía al Di Tella. Tampoco estuvo al margen de las definiciones políticas que se adoptaban.

Noé Jitrik recuerda: *–Yo entablé una relación más cercana y amistosa con Pirí bastante después del '55, después de la caída de Perón, y en esa tendencia hacia el "frondicismo" en la que estaba mucha gente. La razón por la que la volví a ver es que ella vivía en el departamento de El Hogar Obrero. Ya estaba separada de Carlos del Peral y tenía con ella a los tres chicos. Allí vivía Jorge Souza, un escultor amigo de Edgar Bayley que había compartido las experiencias de **Arte Concreto y Mención**. El, incluso, había estado muy cerca de **Poesía Buenos Aires**, un canal que nos ligaba a muchos. Yo era amigo de la gente que se nucleaba ahí, especialmente de Paco Urondo quien, cuando se vino a vivir a Buenos Aires, se fue al departamento de Souza. Entonces había una relación de vecinos, de amigos, entre Pirí, Souza, Paco y quienes los frecuentábamos. Había fiestas y muchas reuniones. Era un grupo bastante grande y nos ligaba una cosa más o menos festiva. En ese momento lo conocí a Rodolfo Walsh; él todavía estaba casado con Poupée Blanchard.*

Como yo me fui a Córdoba en 1960 y me quedé por seis años, mi relación con el grupo se diluyó, se volvió más esporádica. Pero recuerdo que las relaciones eran muy fraternales, muy agradables. La pasábamos muy bien en el sentido de vivir cierta poesía de la ciudad. El jazz nos ligaba un poco, también la poesía. Desde el '59 en adelante se dan estos grupos que, además, eran itinerantes. De pronto no encontrábamos en la casa de Pirí, de repente en la casa de Poupée o en otros lugares, agrega.

Una de las características que tenía el grupo era que no se compartían miserias o dramas. Esto estaba vinculado con el estilo de la época: fingíamos ser personajes de Scott Fitzgerald. Jugábamos a un mundo más o menos brillante, no lujoso en el sentido de la riqueza norteamericana, pero sí en cuanto a la liviandad, a la superficialidad alegre de nuestras relaciones. Creo que entre nosotros estaba mal visto plantear otros problemas que no fueran los inherentes a la seducción. Eso sí, eso circulaba. Podíamos confiarnos si nos iba mal o si nos iba bien en materia de seducción, pero no que nos dolía el hígado o que teníamos un pariente en el hospital,* dice Jitrik.

❖ ❖ ❖

Como se indicó, la situación política en América Latina era un tópico central de esa generación. Miguel Briante sostiene: *—Yo creo que estábamos muy marcados por la figura del Che. Sobre todo los que tenían algunos años más, como Pirí, Juan Gelman y otros. Nosotros tomábamos al Che como símbolo. Ellos sabían más de política y seguramente hacían otro tipo de lecturas, pero no las volcaban en las reuniones en las que participábamos nosotros.*

Pero el encuadramiento ideológico, ¿era visto como limitante para algunas vertientes culturales? Daniel Divinsky lo relativiza en parte porque, más allá del contexto, *"se trató de un período de efervescencia enorme porque se pensaba que el mundo estaba por cambiar, y que muchos podíamos hacer cosas para que cambiara. Ese optimismo fue positivo. Esto era consecuencia, entre otros factores, de Cuba. Todo el mundo decía: 'Bueno, ¿cuál es el próximo país que hace la Revolución?'. Y ahí venían tipos como Carleton Beals y decía: 'Yo creo que es Guatemala'. Venía Gunder Frank y decía: 'Me parece que es en Colombia'."*

—La cuestión no era si se iba a hacer, sino dónde...

D.D. *—Que se iba a hacer era un hecho, se descontaba. La cuestión era dónde primero. Era como el cumplimiento de las leyes de la historia.*

❖ ❖ ❖

El músico Juan Carlos "Tata" Cedrón, al igual que Briante, era de los más jóvenes del grupo. También él observó la influencia que tenían en la Argentina los procesos revolucionarios por los que atravesaban otros países del continente.

—¿Cómo incidía ese contexto regional en las lecturas que se hacían acá?

T.C. —Depende. Porque los mayores, por ejemplo, estaban muy ligados a la Revolución Cubana. Pero para mí, la línea que se imponía en definitiva era la que marcaba Rodolfo Walsh. Nosotros sentíamos gran cariño, admiración y solidaridad con Cuba, pero creíamos que había que mirar hacia adentro, hacia nuestro país. Pensábamos que acá no se podían hacer las mismas cosas. Ellos, si tenían ese tipo de ideas, no las decían. Cuando regresaron algunos compañeros que habían estado en Cuba, los llamaban "Los doce apóstoles", un poco como cargada. Cuando empezaban a hablar de Cuba, yo y otros les decíamos: "Bueno, pero, ¿y acá? ¿cómo es la cosa acá?"

—**Para ustedes lo más valioso era buscar respuestas propias...**

T.C. —Sí. La línea de la cúpula del peronismo era dirigida por un grupo de gente que manejaba y controlaba bien la información y sólo nos largaban lo que a ellos les convenía. Los militantes hacían una cosa mucho más masiva, más de base. Además de ese trabajo militante, lo que yo resalto de Pirí y de Rodolfo y de toda esa generación es el trabajo cultural que estaban haciendo, que también era muy importante, más importante aun que la lucha armada.

❖ ❖ ❖

El Buenos Aires de los '60. Los lugares de encuentro, los hábitos, las discusiones y el clima de ebullición fueron, para Pedro Roth, parte de un país que ya no existe: aquél donde *"no había que pagarse cursos para acceder al crecimiento intelectual. Bastaba con compartir la rutina de la discusión para enriquecerse".*

Recuerda Roth: —*Yo me asocié con el fotógrafo Jorge García, que en ese momento era pareja de Pirí. Y como teníamos el estudio juntos, yo la veía todos los días. Jorge era bastante más joven que ella y se llevaba muy bien con sus hijos. Ella trabajaba en periodismo y nosotros hacíamos algo para prensa y algunas cosas para publicidad. Conseguíamos clientes por nuestra cuenta y con la ayuda de ella.*

Y se armó un grupo muy lindo, muy típico de esa década, con muchas fiestas, reuniones, en fin, mucha actividad. Venía mucha gente del ambiente. A veces venía Carlos del Peral, cuando no tenía dónde dormir, porque él vivía en una 'villa miseria' (en Callao y Charcas, hoy Marcelo T. de Alvear) que ahora es una playa de estacionamiento. Ese lugar había sido la casa de Victoria Ocampo y se había convertido en una 'villa' de pintores, con casitas villeras, ¡pero en el techo, en lugar de piedras, había esculturas griegas!. Un día a Carlos se le venía abajo el techo y se robó un palo de la parada del colectivo 60 para sostenerlo. Al poco tiempo hubo una razzia de la policía en la casa y él daba vueltas tapando el palo para que no lo descubrieran... Esas cosas pasaban en aquellos tiempos. En la planta baja de la villa vivían Oscar Masotta y la 'Negra' Renée. Y era un locura. También estaba en un momento dado el pintor Emilio Pettoruti. Todos mezclados con unos talabarteros medio locos que andaban dando vueltas por ahí.

Si pienso en la calle Florida de los '60 —continúa Roth—, *es todo un país que ya no existe más. Había un bar en la Galería del Este, que fue lo último que se cerró en esa época. Sobre Maipú, en el bar "Moderno", se reunían los plásticos. En Florida y Paraguay estaba el "Florida Garden", adonde no iba nadie. Iban al "Augustus", que estaba al lado. En Viamonte y Reconquista, funcionaba la Facultad de Filosofía y Letras, y luego uno se encontraba el "Jockey", que era una confitería muy fina. Igual, algunos pasaban por ahí. Sobre Viamonte también, más cerca de San Martín, había un bar adonde iban los filósofos. Era un lugar muy depresivo. Las chicas de Psicología iban al "Coto", que era un bar muy grande. Sobre Florida, una al lado de la otra, estaban todas las galerías de arte. Esa calle era intelectual, totalmente distinta de lo que es ahora.*

Un día estábamos sentados en el bar "Moderno" y entró un grupo de turistas con un guía. El guía nos señaló y les dijo: "Argentine existencialists" Eso éramos nosotros.

En Corrientes teníamos la zona del bar "La Paz". Hasta el '67 o '68 no se podía entrar sin corbata. Había cosas así de anacrónicas. Ese era el bar de los periodistas, allí se les fiaba cuando estaban sin trabajo. Era un circuito totalmente distinto y que empezaba a funcionar más tarde. A las nueve o diez de la noche terminaba el movimiento en la calle Florida y nosotros, que éramos de largo aliento, nos íbamos, tipo camino del perro, por la calle Corrientes y terminábamos en "La Paz" a eso de las tres de la mañana. Bares como el "Politeama" o "La Giralda" formaban parte de ese circuito. También íbamos a comer a "Pippo"... y dormíamos muy poco o no dormíamos, pero igual se trabajaba mucho.

❖ ❖ ❖

En agosto de 1963 se inauguró el Instituto Di Tella, convirtiéndose en un punto de referencia importante para los amantes de las artes visuales. **Primera Plana**, uno de los semanarios más exitosos de entonces, comentaba en sus páginas: "Desde ayer, en Florida 940, el mundo moderno está al alcance de todos."

El escritor Dante Crisorio, vecino de Pirí, recuerda: —*Ella se vinculó al Di Tella y me invitó a ir, pero yo nunca asistí. Parecía que eso era como una especie de condición, una moda para tener identidad dentro de la sociedad "culturosa".*

Miguel Briante: —*En alguna ocasión el Di Tella puede haber sido el lugar de encuentro, pero ahí no se concentraba todo. Nosotros estábamos bastante distanciados del Di Tella. Había dos mundos: aquel lado de la calle Córdoba y los de Corrientes. La literatura pasaba por Corrientes y la pintura, la plástica y hasta el teatro de vanguardia pasaban por el Di Tella. Y el lugar de encuentro entre los dos mundos era la Facultad de Filosofía y Letras que, en ese momento, estaba sobre la calle Viamonte. Allí era donde más o menos uno "cruzaba el Rubicón". Un día fui yo el que cruzó y ya no volví a Corrientes, me quedé con los pintores y todo eso. Se planteaban dos vertientes: por un lado el grupo Nueva Figuración, donde se encontraban Luis Felipe Noé, Ernesto Deira, Jorge de la Vega, Rómulo Macció y Carlos Alonso, que ya era un maestro. En el Di Tella estaban todos los experimentalistas que trabajaban más cercanos al arte conceptual, al arte de ruptura.*

En ese momento la izquierda tenía un planteo bastante cerrado frente a lo que era el Di Tella. Eso era un error como también lo es creer que los sesenta fueron el Di Tella, porque ni Noé, ni Veiga, ni de la Vega son del Di Tella, que recién alcanza trascendencia en el '65 y nosotros veníamos trabajando desde el '60. Además de la plástica, allí estaba el Departamento de Música Electrónica que ahora está en el Centro Cultural Recoleta y el Departamento Audiovisual que era de vanguardia en serio. Algunos de los mejores directores teatrales, como Villanueva, salieron de ahí.

La literatura y el teatro de izquierda, Tito Cossa por ejemplo, se centraban en Corrientes. A "La Paz" iban los viejos. Nosotros preferíamos "La Comedia". "Gotán" también era un centro de encuentro, y la librería-editorial **Jorge Alvarez**.

En cuanto al Di Tella, el filósofo León Rozitchner se cuenta entre los que sostuvieron una postura más crítica: —*Yo tuve una posición un poco atípica sobre todo eso. En el '62 fui a Cuba como profesor de la Universidad, y estuve allí con Diana Guerrero, que es otra periodista desaparecida. Cuando volví, después del '63, no me ligué a la gente del Di Tella. Era más bien antagónico a todo ese juego. Nosotros, es decir Ismael y David Viñas, Ramón Alcalde, la gente de* **Contorno**, *permanecíamos distantes del juego del Di Tella, casi diría que se lo veía como un poco frívolo, y sobre todo participando de una fundación que no estaba orientada evidentemente hacia la izquierda, sino hacia la cultura "pop" que se desarrollaba en ese momento. Lo veía como un divertimento, por así decirlo. De todos modos, ahí surgieron importantes poetas. Eso no se puede negar.*

En el grupo nuestro —sigue Rozitchner—, *la divisoria de aguas la establecía la pertenencia al Movimiento de Liberación Nacional (Malena). Yo estaba formando parte de eso aunque después me abrí para tener mayor independencia respecto de la actividad política que ellos ciertamente ejercían. Recuerdo que en el Malena estaba también la madre del Che.*

Tito Cossa reflexiona sobre el contexto cultural de los '60: *—Si hablamos a partir del '64, que es cuando yo la conozco a Pirí, digamos que es el post-peronismo. Una etapa impregnada por todo el fervor de la Revolución Cubana, con toda la seguridad de que se venía el socialismo y con mucho desprecio hacía el gobierno radical de Illia. Eramos un grupo grande que no tenía lugares fijos de encuentro. Podíamos coincidir a la salida del teatro y nos íbamos a cenar. El día que se estrenó **Amor de ciudad grande**, de Somigliana, nos fuimos a comer a "El Ciervo", que entonces era un restaurante precioso. A veces las reuniones se hacían en los domicilios o nos encontrábamos en bares del centro. Todo esto hasta que llega el golpe del '66.*

El periodista Miguel Bonasso también refiere esas tradicionales reuniones sociales de los sesentistas: *—Durante un tiempo nos reuníamos en un departamento que estaba en la calle Venezuela, en San Telmo, donde vivían en pareja Zulema Katz, la actriz, y Paco Urondo. Todo el mundo se congregaba allí o en los bares típicos de la época. Eran los puntos de reunión de toda una élite intelectual que pronto pasaría de esa actividad social y frívola, de una militancia que se daba mucho a través de la expresión periodística, de la expresión literaria, a una militancia muy comprometida donde Pirí, Rodolfo y Paco, como muchos otros, perdieron la vida.*

El espíritu de esa etapa de reuniones sociales está contado en una novela de Paco Urondo, que no es lo más difundido de su producción, pero que es muy ilustrativa de esos años. La novela se llama justamente **Los pasos previos** *y allí aparece toda esa juventud dorada, progresista. Fue en ese grupo, cuyas reuniones se prolongaban hasta la madrugada y que tenían todo un sabor novelesco que habrá que rescatar, donde se iba incubando el espíritu de los setenta.*

✧ ✧ ✧

Desde fines de la década del '50 comenzaron las primeras manifestaciones de lo que después se llamó el "boom" de la literatura latinoamericana. Una de las primeras expresiones en la Argentina fue la creación de la **Editorial Universitaria de Buenos Aires**, en 1959, que agotó en poco más de dos años un millón y medio de ejemplares de sus primeras publicaciones. En esos años, entre muchos otros nombres, se constituyeron en verdaderos *best sellers* autores como Germán Rozenmacher, Manuel Puig, Julio Cortázar, David Viñas, Ernesto Sabato, Marta Lynch y Abelardo Castillo. La industria editorial nacional vivió entre 1962 y 1968 uno de sus períodos de mayor apogeo, con una considerable multiplicación de empresas que acompañaban el crecimiento del mercado.

En el ámbito periodístico también se materializó un incremento de revistas, entre las cuales el caso más paradigmático tal vez haya sido **Primera Plana**, que tuvo una primera etapa desde 1962 hasta 1969, cuando fue prohibida su circulación por un decreto del general Onganía.

La **editorial Alvarez** vino a satisfacer esa avalancha de lectores. El psicoanalista y escritor Germán García, recuerda que publicó su primer libro, **Nanina**, en esa editorial, en 1968. Se trataba de un relato en el cual había referencias que se tildaron de obscenas por los poderes de la censura. Pedro Aleman, periodista, dice: —*El fenómeno de **Nanina** fue sorprendente. Es un momento que habría que explicar: ¿cómo tuvo ese alcance cuando era una literatura que no había tenido nada previo en la Argentina?*. Este libro motivó una serie de candentes debates, discusiones e incluso acciones legales y secuestro de ejemplares. Agitó al público y escandalizó a los funcionarios. Hasta su secuestro, **Nanina** agotó varias ediciones en pocos meses.

Germán García. —*Fue en lo de Alvarez cuando conocí a Pirí. Yo llegué allí gracias a Bernardo Kordon y mi libro fue aceptado por recomendación de Walsh. Pirí tuvo una idea de promoción muy inteligente, con comentarios previos de diferentes críticos que elogiaban el trabajo. Vendimos enseguida cuatro ediciones que, oficialmente, eran de 3.000 ejemplares cada una. La editorial era una tolerante convergencia de lo que se llamaba "la nueva izquierda". Yo creo que ella fue el alma de ese movimiento. Pirí tenía una extraordinaria energía para el trabajo, así como formas arbitrarias y cambiantes de tratar a la gente, por lo que se ganaba amigos incondicionales o enemigos declarados. Yo tenía 23 años y fue en su casa donde corregí, taché y volví a escribir diversar partes del libro. Ahí conocí a Piglia, a Antonio Caparrós, a Osvaldo Lamborghini y muchos más. Era la época del Cordobazo y del Mayo de París, y Pirí era un polo que irradiaba iniciativas editoriales y dibujaba el mapa cultural de aquella década.*

En esos años de intensa lectura y de intercambio de opiniones, Pirí solía recomendar insistentemente los libros que la impactaban. Era muy exigente como crítica y tal vez por eso sentía la necesidad de compartir sus descubrimientos con los amigos. "*Ella nos conminaba a leer*", recuerda Divinsky. Un día le insistió para que pasara a buscar un libro para leerlo ese fin de semana. "*Era **La vida agria** de Luciano Bianciardi. Mientras lo retiraba de su casa la grúa me llevó el auto y yo justo tenía un casamiento. Nunca me voy a olvidar de ese libro*".

—¿**Qué es lo que más recuerda que se leía en esa época?**
Tata Cedrón. —*Se leía todo lo que era la novela policial norteamericana. También, mucho Pavese, Walt Whitman, Dylan Thomas... Se*

editaba todo acá, y bien traducido. Lo que editaba Alvarez eran propuestas de gente como Pirí, Piglia o Walsh. Ella era uno de los motores de ese lugar. Un día fuimos a la librería de la editorial a escuchar **Madrugada***, con música nuestra sobre poemas de Juan Gelman. Otra vez fuimos a cantar y estaba Rozenmacher, autor de* **Cabecita Negra***, un tipo extraordinario. Tenía más o menos mi edad y cantaba muy bien el jazz. ¡Como los dioses!*

✧ ✧ ✧

"Gotán", otra cita obligada de aquel tiempo, duró un solo año: 1965. Estaba ubicado a una cuadra y media de la editorial **Alvarez**, sobre la calle Talcahuano. En la memoria de Briante, "*Pirí iba a 'Gotán' todas las noches. Allí era común ver a Tito Cossa, Astor Piazzolla, el Tata y Rodolfo Mederos. Iba todo el mundo. Luego, o antes, tomábamos café en 'El Colombiano' o en 'El Gardelito', porque los dos tenían librería. Pirí hablaba fervorosamente de literatura.*

"*Me acuerdo que fue una de las organizadoras de una cosa que se llamó La Fiesta de las Computadoras, que se hizo en 'Mau Mau', una* boîte *de moda en ese momento. Era una fiesta a la cual te invitaban y te daban pareja por computadora. Allí estaban Paco, Rodolfo, en fin, la mayoría de los intelectuales. Ella organizaba este tipo de eventos. Cuando había que publicitar algo, buscaba las connotaciones sexuales a un posible aviso. Eso ahora es muy común, pero entonces no lo era*".

El Tata Cedrón reconstruye las discusiones del momento y opina: *—Nos quedábamos hasta cualquier hora cambiando opiniones, discutiendo, charlando. Cuando alguien no daba más y se cansaba, se tomaba un día para reponerse y había otro que ocupaba su lugar. Fue una época en que muchos intelectuales entendieron que el peronismo era el único proyecto para hacer un país y estábamos a punto de lograrlo, a punto de encontrar una identidad. Luego vino la masacre.*

León Rozitchner plantea una visión diferente: *—En casa de Pirí tuve una discusión muy fuerte con Walsh sobre el peronismo, sobre la expectativa que ponían en el peronismo. Esa era una visión que yo no compartía. Por otra parte, en ese momento, se concebía la acción política como sinónimo de la acción armada, mientras que otros podíamos pensar que la acción intelectual, llevada de cierta manera, también es una acción, porque es todo un proceso de transformación crítica y puesta en juego de uno mismo para ver la realidad y poder decirla.*

✧ ✧ ✧

Esa polémica entre la izquierda y el peronismo seguiría muchos años más aun en medio de la tragedia que sobrevino en la década siguiente. Pero también se daban otros debates en torno a los cruces culturales entre la literatura y la música. Según Pedro Pujó, la relación de Pirí con el fenómeno del rock nacional era, por lo menos, ambivalente: *—Por un lado era como que se burlaba. Los Beatles habían surgido en esa época y para ella eran una cosa más —quién iba a imaginar lo que pasa ahora: los diarios sacan la historia del rock, se hace una película, hay libros sobre el tema—, pero por otra parte se acercaba por su necesidad de rodearse siempre de cosas nuevas. Se acercaba y trataba de entender.*

—Pedro Aleman y Germán García, ¿cómo surgió en Jorge Alvarez la idea de editar discos de rock?

P.A. *—En mi impresión esto fue una inspiración de Pedro Pujó, que era muy jovencito y lo acercó a Alvarez a escuchar rock. Lo primero que editó Alvarez fue Manal, el primer grupo, el de Javier Martínez, Alejandro Medina y Claudio Gabis.*

Yo trabajaba en la revista **Pinap** *—antecedente de la revista* **Pelo***— y recuerdo que los escritores no tenían una relación con esto. Eran universos absolutamente diferenciados. Había una sola intersección posible: a través del Di Tella, porque a veces algunos grupos de rock del sello* **Mandioca** *tocaban ahí o en el teatro Payró. Esos dos lugares eran dos referencias. Muy tardíamente, algunos entraron a pensar qué era el rock, que estaba produciendo cambios muy profundos, por ejemplo, en el lenguaje popular. Miguel Grimberg fue el primer intelectual que trató de analizar el fenómeno.*

G.G.: *—Empezó un intento por parte de los intelectuales de entender o meter, dentro del juego general, el fenómeno de la música. Pero esto no era recíproco. La gente del rock no miraba para el lado de los intelectuales.*

Otro aspecto es que hay una secuencia que conecta al tango con el rock nacional, a tal punto que el rock nacional no es, yo creo, lo que es el "rock and roll" en el sentido internacional. Se llama rock porque no se lo podría llamar de otra manera. El fenómeno era algo todo el tiempo controlado. No había recital donde no se llevaran a un montón de chicos presos. A la salida pedían documentos, había incidentes. En ese momento había alusiones a lo político, pero la politización fue muy posterior.

Pero, ¿cómo entraba esto en la vida de Pirí?. Pedro Pujó —quien integró estos grupos que se nuclearon alrededor del rock— fue amigo de su hijo Alejandro, que frecuentó esos ámbitos. Recuerda que ellos decían que no había que confiar en la gente mayor de 40 años, y agrega: *—Lo que pasa es que no todos los mayores de 40 años son iguales, y Pirí se mantenía muy joven, con una mentalidad abierta. No era una señora instalada en su casa cuidando a sus hijos. Era muy luchadora. Vivía liberada o por lo menos lo intentaba, pero ella me hacía enojar cuando se burlaba de lo que hacíamos. Lógico, nosotros le movíamos la estantería en el sentido de que hablábamos de que el libro era*

Pirí con su hija Tabita (1949).

Con su marido Carlos Peralta y Tabita, en la casa de Lugones (h) en Villa Devoto.

Con Tabita y Alejandro (1951).

En el Tigre con sus tres hijos (1956).

Tapa de **Tarea Universitaria**, N° 5, noviembre de 1959.

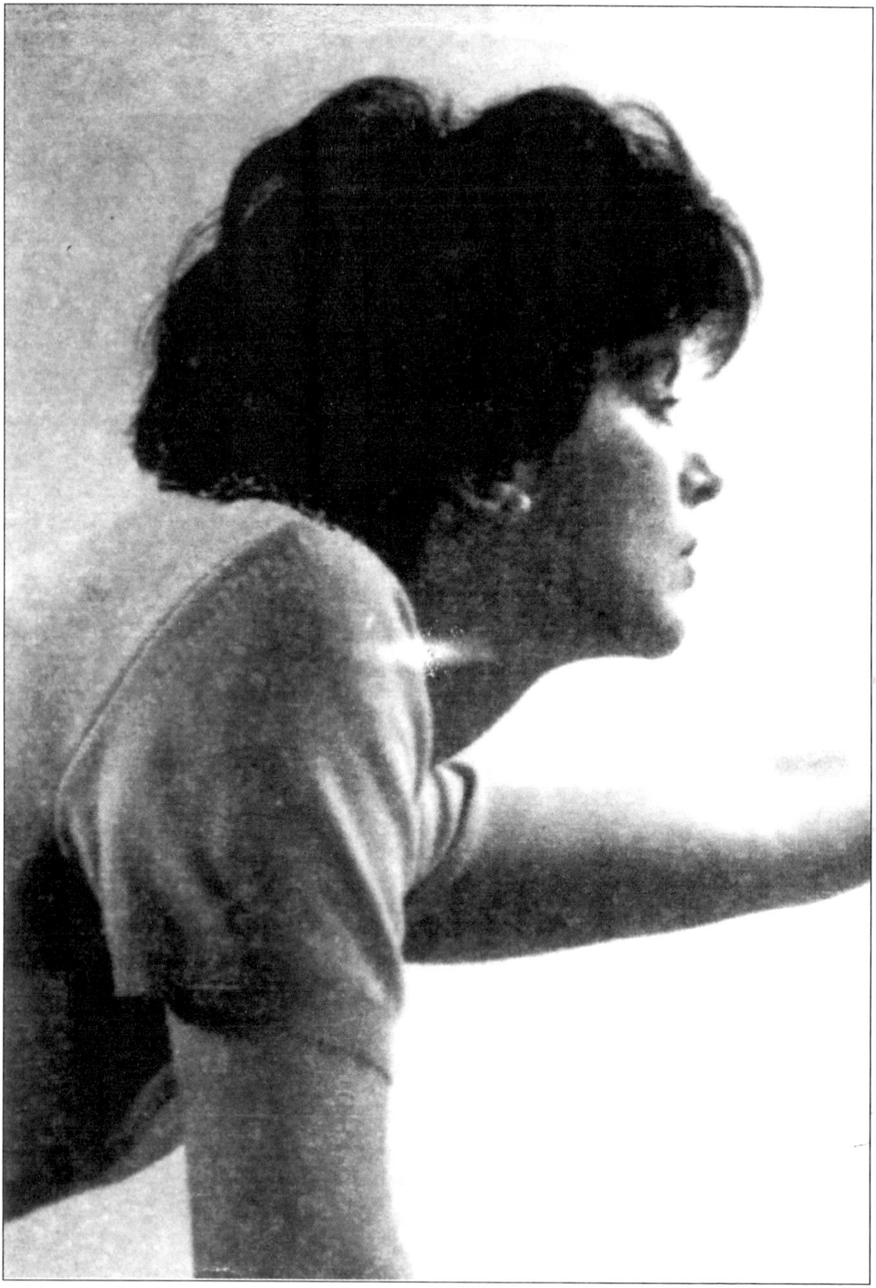

Pirí en los '60.

Tapa de la revista **Che**, *Nº 0, julio de 1960.*

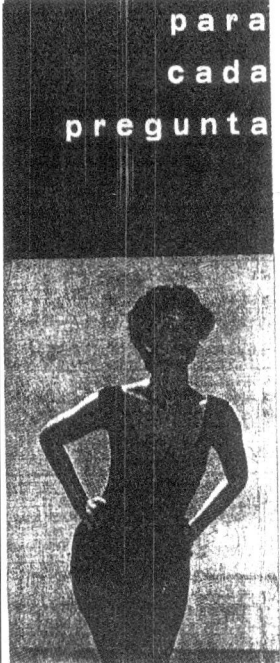

La cronista ha formulado la misma serie de preguntas a dos figuras representativas de la actividad cinematográfica femenina. Una argumentista de films considerados "intelectuales" y una actriz de películas más o menos sensacionalistas.

Beatriz Guido nos atiende en su casa rodeada de muebles coloniales, en un ambiente oscuro, tradicional, con sillones tapizados de satén amarillo y un marcado predominio de la caoba, porcelanas chinas y tallas primitivas, muchos cuadros y alfombras, terraza con plantas y teléfono con timbre apagado que ella atiende con voz ronca. Está vestida de negro, falda recta y blusa de jersey, zapatos escotados de gamuza y cinturón de lamé blanco.

Isabel Sarli, nos recibe en una oficina triste y oscura de la productora para la cual filma, contesta en voz baja y como si todas sus frases concluyeran en un signo de interrogación. Está vestida con un vestido de cuadrillé amarillo y, asomando por el ruedo enaguas con muchas puntillas, púdicamente se encierra en un tapado de cinturón ajustado. Confiesa amar a su madre y da la impresión de que bajo su timidez oculta una gran ambición

2 respuestas para cada pregunta

BEATRIZ GUIDO — ISABEL SARLI

QUE CONSIDERA MAS IMPORTANTE EN LA MUJER: LA BELLEZA O LA INTELIGENCIA?

La belleza, porque creo que con belleza se puede disimular la inteligencia.

Creo que es mejor la inteligencia que la belleza, porque no hay mujeres feas.

CUALES SON LAS CUALIDADES QUE MAS ADMIRA EN LOS DEMAS?

Que sepan mentir, que puedan hablar mal de los demás, que sepan gastar dinero, que sepan el momento en que debe terminar la narración.

La sinceridad.

QUE GUSTO TIENE LA POPULARIDAD?

La popularidad, para nosotros los escritores, es sumamente limitada, nuestros admiradores se convierten casi de inmediato en el círculo de amigos. La otra popularidad la de los que hemos incursionado en el cine, se la debemos, al menos en nuestro país, a Radiolandia, no nos envanecemos.

A veces es molesta. Sin embargo, me gusta recibir el homenaje de la gente que me quiere. En cuanto a mi popularidad, nacida de un día al otro, la considero un milagro de Dios.

ES FELIZ CON SU TRABAJO?

No concibo otro tipo de felicidad

Estoy muy contenta y creo que voy mejorando. Ahora aprendí a bailar el cha-cha-cha.

QUE ES LO QUE MAS QUIERE EN EL MUNDO?

Un hombre.

A mi madre.

HA SIDO PSICOANALIZADA?

No. Pero practiqué durante muchos años la confesión católica. Creo saber los encantos de los siete pecados capitales. Conocerlos o disimularlos.

¿Ha sido qué?... Ah, no.

SIGUE LA MODA? CUANTOS VESTIDOS SE COMPRA POR MES? CUAL ES SU ESTILO PREFERIDO DE ROPA?

Enormemente. Me compro todos los que puedo.
¿Estilo? El que más se acerque a la última moda.

Si me queda bien, sí. No me puse nunca un vestido bol si ni me hice un peinado abultado.
Mi modisto es Jamandreu, pero no he tenido ocasión de vestirme mucho en mis películas. Ahora en "Favela" —mi próxima película— sí.

COSE? BORDA? TEJE?

Sí, las tres cosas. Lástima que no tenga mucho tiempo para esto; instintivamente debo practicarlos cuando miro televisión.

Coso, aunque no sé cortar, bordo de puro aventurera, tejo, pero nunca puedo terminar nada.

LE INTERESA LA POLITICA? LA NACIONAL? (EN CASO AFIRMATIVO CITE LAS TRES NOTICIAS MAS IMPORTANTES DE LOS DIARIOS DE HOY)

Enormemente, y la política nacional más que ninguna. ¿Noticias? Pienso en el fotógrafo de mi última película. Ricardo Younis, que se encuentra en Chile; temo haber convivido muchos años con Borman e Eichman y tiemo en el terrible reto que habrán recibido los 4 grandes al volver a sus hogares.

No, muy poco. No me meto en política ni me suele cuando discuten. Cada cual con su opinión, ¿no es cierto?

QUE OPINA DE FRONDIZI?

Se que perteneció al Colegio Libre de Estudios Superiores, que fue amigo de Aníbal Ponce y que mi padre tenía en su estudio la foto, junto con la de Ponce.

Mejor no hablemos de esas cosas.

CUALES SON LOS TRES ULTIMOS LIBROS QUE HA LEIDO? Y CUALES LOS QUE MAS LE HAN GUSTADO?

"Problemas de la novela", de Goytisolo; "La Furia", de Silvina Ocampo y la última obra de teatro de Françoise Sagan.
¿Los que más me gustaron? Los tres citados y una "nouvelle", un cuento largo mío, "La mano en la trampa" que filmará, Torre Nilson a su regreso de Santa Margarita de Lisure.

No he leído nada porque no tengo tiempo, pero en cambio lo he muchos lloretos.

VA AL CINE? QUE FILMS PREFIERE? QUE DIRECTORES EXTRANJEROS SON A SU JUICIO LOS MEJORES?

Lo más que puedo.
Los de amor.
¿Directores? Visconti, Bergman, Torre Nilson.

Poco, debería ir más.
De todo un poco, pero prefiero las europeas.
El mejor director, Lee Thompson, que es capaz de filmar bien a ese caballo de Diana Dors. La Dors es "sexy" como yo, pero no me gusta tampoco la Mansfield. En cambio, me gustan Gina, Sofía y Marilyn, que no son groseras.

SABE COCINAR? PUEDE DECIRME COMO SE PREPARA EL MERENGUE ITALIANO?

Sí. ¿Merengue italiano? ¿Qué es?
Mi cocina, con todos los defectos de la argentina sigue siendo criolla.

En lo que no sé.

ES ORDENADA PARA SUS GASTOS? EN QUE GASTA MAS?

No, terriblemente desordenada.
En vestirme y en ramús.

Muy metódica, pero gasto muchísimo por razones profesionales. Las fotos queman la ropa, no se puede repetir un modelo.

CUAL ES EN ESTE MOMENTO SU PRINCIPAL PROBLEMA?

Convencer a una sobrina muy pequeña de que el matrimonio puede ser también maravilloso entre intelectuales.

Las películas que voy a hacer. Quiero demostrar que aprendo.

SI NO FUERA USTED QUIEN QUERRIA SER?

Mary Mc Carthy, la novelista norteamericana, o Scott Fitzgerald.

La que era antes, una modelo de fotos de publicidad. Tenía lo que quería, exactamente igual que ahora. El dinero no es lo más importante, ¿no?

QUE OPINA DE ISABEL SARLI?

Que le harían mucha falta las películas de Torre Nilson (lo dijo: Que le haría mucha falta a las películas de Torre Nilson).

QUE OPINA DE BEATRIZ GUIDO?

Que como escritora es muy buena. La he leído y he visto "Fin de Fiesta". Y como persona la Sra. Beatriz es encantadora.

Reportaje de Pirí a la escritora Beatriz Guido y la actriz Isabel Sarli, para el Nº 1 de **Che**.

*Tapa del N° 9 de **Che** con una investigación de Rodolfo Walsh.*

un producto que ya no tenía sentido, porque se venía la cultura de masas. No era que yo estuviera contra los que escriben. Al contrario, a mí me gusta escribir. Pero discutíamos conceptos como la comunicación masiva. Internamente ella no podía aceptar lo que le decíamos. Era su mundo. Pirí era cruelmente lúcida, como un poeta.

Con referencia a los músicos de rock, recuerdo que ella hacía un gesto, como imitando a los guitarristas al rasgar su guitarra, que era como una masturbación. Ella pensaba que en todo lo nuestro había algo de masturbatorio, en el culto a la juventud, por ejemplo. Yo no sé si tenía razón o no, pero me acuerdo de que me miraba con sus grandes ojos negros y levantaba las cejas para apoyar su teoría. Al mismo tiempo, como ya dije, tenía necesidad de acercarse a las cosas nuevas y tratar de entenderlas.

*Para ingresar a trabajar en la editorial **Alvarez**, su hijo, mi amigo Alejandro, me llevó a su casa para tener una entrevista con ella. No me hizo sufrir demasiado. Fue simpática, sin perder su imagen de superioridad. ¡Ella iba a hacer que yo accediera a las altas jerarquías de la intelectualidad! Pirí, después de todo, era una Lugones para mis oídos que, aunque desprejuiciados, nunca lo fueron tanto. Para mí, ese apellido era pesadísimo.*

–¿Usted recuerda cómo fue el encuentro de Pirí con Tanguito?

P.P. –*Claro. Para septiembre de 1968, cuando nuestro grupo estaba realizando todos los estudios para la creación de un "Barrio de cultura alternativa" –así se la llamaba entonces–, con la excusa de festejar el cumpleaños de Alejandro, el 14 de septiembre, Pirí nos invitó a su casa. Y ahí es donde Jorge Alvarez conoce a los músicos. Van Javier Martínez, Claudio Gabis y Alejandro Medina –que luego formarían Manal– y aparece también Tanguito. Esto fue en la casa de El Hogar Obrero.*

✧ ✧ ✧

Desde el golpe militar de 1966, todo aquel florecimiento cultural comenzó a hacerse más vidrioso. Aun cuando la década continuó pródiga en iniciativas de las más variadas, existió nuevamente un marco represivo que afectó la vida social, generando acciones y reacciones, tensando el clima y preanunciando acaso el desastre que llegaría en la década siguiente.

Tata Cedrón: –*Después de la caída de Illia, todo empezó a decaer. No había persecución violenta, pero sí velada. Nos venían a molestar a los recitales, pedían documentos, nos llevaban. Y la gente empezó a faltar y nosotros también. Se pudrió todo.*

Tito Cossa: –*Frente al golpe volvimos a buscar las formas de organización clandestinas, delicadas, pero con lo que pasó después del golpe del '76, aquéllas eran casi juegos de niños. De todas maneras había proscripciones, persecuciones, cárcel. En el caso nuestro, se cerraban teatros. Y empezó toda una movilización en torno a la resistencia al "onganiato" que se manifestaba en lo que se podía. En lo cultural, sacando revistas, haciendo teatro.*

Pedro Roth: –*Toda aquella ebullición cultural terminó con "La noche de los bastones largos", cuando Onganía interviene la Universidad. Fue todo un símbolo. Y dos años después terminó el Di Tella, en 1968. Fue cuando prohibieron una muestra porque el pintor Roberto Plate había hecho un baño público y además dejó pistas para que la gente hiciera grafitti en ese baño, dentro del Di Tella. ¡Y la gente hizo grafitti! Por esa razón clausuraron el Instituto. El cambio después del golpe fue impresionante. Fue un corte entre un país y otro. La noche que asumió Onganía, yo trabajaba en* **Confirmado** *y como no había fotos del nuevo presidente me mandaron para que lo retratara en el Hotel Plaza, donde se hacía la cena de los generales. Cuando estábamos haciendo las tomas durante el himno, nos sacaron a patadas.*

Horacio Verbitsky. –*El golpe del '55 había inaugurado una represión política muy fuerte que, paradójicamente, fue acompañada por un cierto florecimiento cultural. Ambas realidades coexistieron contradictoriamente en la misma época. La proscripción del peronismo en las elecciones del '57 '58 y '63, marcaba claramente la exclusión de un sector muy importante del sistema político. Cuando el peronismo, a través de Andrés Framini, ganó las elecciones contra Arturo Frondizi en el '62, las anularon, intervinieron la provincia de Buenos Aires y vino el golpe que derrocó a Frondizi. Después, durante el gobierno de Illia, en la renovación legislativa del '65, entró un grupo de diputados peronistas. Pero cuando se acercaban las elecciones de renovación de gobernadores dos años después y el peronismo podía recuperar una presencia nacional importante, vino el golpe de Onganía y se produjo una cerrazón política que además vino acompañada de una represión más coherente y consistente, porque se extendió a los sectores medios, que habían sufrido menos con el golpe anterior.*

Lilia Ferreyra. –*Y que no eran peronistas. Después del golpe del '66 por primera vez en este país empiezan a vincularse todos los sectores de la militancia peronista, de base sindical, con todo ese espectro intelectual, progresista y no peronista que había sido reprimido por Onganía. Ahí hubo una confluencia.*

H.V. –*Había una mezcla de todo. En 1968, ya en la CGT de los Argentinos, se mezclaron todos los pelajes. Eso era un Arca de Noé. Había dos animales de cada especie.*

L.F. –*Estaban los plásticos que organizaban muestras, los grupos de cine, los periodistas, los intelectuales, los escritores, los militantes de la resistencia, la "pesada" de la resistencia. Eso fue un cambio.*

Noé Jitrik, refiriéndose a Pirí, añade: –*Creo que ella fue un anticipo. En muchos aspectos, era totalmente sesentista. Ella mereció haber estado en los acontecimientos de 1968 en París, México o Brasil, o en nuestro "Cordobazo" un año después. Es decir, en todo lo que es típico de los '60. La dimensión un poco* background, *la dimensión de lenguajes de ruptura, esa cosa desprolija, desafiante en el lenguaje de acercamiento a los demás, todo eso ella ya lo tenía cuando la conocí. Y era bastante antes del '68.*

✧ ✧ ✧

Ricardo Piglia, escritor

Al muere, un libro olvidado y secreto

Viví unos meses en la casa de Pirí Lugones a fines de 1966 y principios de 1967. El departamento, que en el recuerdo parece mucho más grande de lo que era en realidad, estaba en el edificio de El Hogar Obrero de la calle Rivadavia y funcionaba como una especie de punto de cruce de ciertas tramas culturales y políticas de la Argentina de esos años. Tengo la sensación de que había más ideas y más iniciativas en esa casa en una noche, que en la Factory *de Andy Warhol en una semana. Todo se estaba moviendo todo el tiempo y Pirí estaba siempre donde había que estar, en el momento indicado, avanzando con su marcha ladeada por el camino más difícil.*

En su casa se empezó a discutir el proyecto del periódico de la CGT de los Argentinos que iba a dirigir Rodolfo Walsh y se hicieron las primeras reuniones de la revista **Problemas** *en la que intervenían León Rozitchner, Ismael y David Viñas, Juan Carlos Portantiero, Andrés Rivera, Roberto Cossa, Paco Urondo, Walsh. Pero al mismo tiempo los hijos de Pirí Lugones y Carlos Peralta, Carel, Tabita y Alejandro, que vivían con ella en la calle Rivadavia, tuvieron mucho que ver en la conexión de Jorge Alvarez con los jóvenes músicos de rock que iban a dar lugar al nacimiento de grupos como Almendra y Manal.*

Por otro lado Pirí Lugones hizo todo para que escritores como Germán García, Manuel Puig, Aníbal Ford, Rodoldo Walsh o yo mismo, que éramos inéditos o estábamos empezando, pudiéramos publicar y tuviéramos apoyo. No es posible hacer una historia de la vida intelectual de Buenos Aires de los años '60 sin tener presente la inteligencia y presencia de Pirí Lugones.

En realidad funcionaba como punto de conexión entre varios universos paralelos que sin ella hubieran girado cada uno en su órbita. Su capacidad de poner en relación lo que hasta ese momento parecía distante o antagónico fue una de sus virtudes más sutiles y así ella (que era tan poco diplomática) expresaba el espíritu de una época definida por la confrontación, el cruce y la heterogeneidad. Vale la pena reconstruir la historia *de esta mujer frágil y excepcional. Se verá entonces que esa vida condensa varias redes de la experiencia cultural y política de esos años. Por otra parte ella, que combinaba la autoironía con la arrogancia, escribía en secreto. Tenía una serie de 10 a 12 relatos con historias de mujeres y de infancia, escritos con el estilo elegante y arrabalero que le era propio. Nunca quiso publicar el libro, a veces se lo mostraba tímidamente a los amigos, con las vueltas y la discreción que siempre indican la presencia de un auténtico escritor. Cualquier otro le parecía mejor que ella y cuando hablaba de su literatura se reía y hacía chistes y decía que con ese apellido era mejor que se dedicara a la prostitución. El libro se llamaba **Al muere**, en alusión al poema de Borges sobre Facundo Quiroga y al carácter decidido de la protagonista. Me acuerdo que guardaba los cuentos en una carpeta y que la carpeta estaba siempre en un cajón de la cómoda, en el cuarto grande en el que Pirí tenía la cama. Ese libro de Pirí Lugones, como tantos otros libros secuestrados y perdidos, es un momento olvidado y secreto de la mejor tradición de este país.*

Capítulo 5
Del verbo a la acción

Pirí Lugones.

"No te hagás el burguesito". La experiencia cubana. El compromiso total. Pisar el barro. Lealtades y traiciones. La derrota. "Vos, ¿qué sabés de torturas?".

Osvaldo Bayer: —*Conocí a Pirí en la casa de Rodolfo Walsh, en La Habana. Me habían invitado, junto a otros argentinos, al primer aniversario de la Revolución Cubana, el 1º de enero de 1960. Estando en Santa Clara, tuvimos la noticia de que el Che nos recibiría en La Habana. Volví y Walsh me invitó a tomar un café en su casa. Mientras estábamos conversando animadamente sobre lo que estaba pasando en la Argentina —yo por entonces era el secretario general del Sindicato de Prensa de Buenos Aires, cuando estaba ubicado en la calle Alsina, en la ex mansión de los Ayerza— se abrió una puerta y entró Pirí. Era una mujer exuberante, de carácter fuerte.*

Vino directamente hacia mí y me dijo:

—Yo soy Pirí Lugones.

—¿Cómo?, *le dije.*

—Sí, sí, la hija del torturador Lugones.

Ella solía presentarse así, cosa que me causó pena y sorpresa por la fuerza con que lo decía.

Rodolfo me invitó a cenar y le dije que no me quedaría porque esa noche tenía la audiencia con el Che. Al escuchar eso, Pirí me dijo:

—¿Cómo que te recibe el Che?

—Sí —*le respondí*. Recibe a los argentinos que hemos venido en esta invitación.

—Yo voy con vos, *dijo muy convencida.*

—No, es sólo para la delegación invitada.

—Yo voy con vos —*insistió, mirándome con sorna*. No te hagás el burguesito. Mirá si yo me voy a perder eso.

Yo apenas la conocía. Me quedé avergonzado sin saber qué decirle. Entonces saludé a Rodolfo y salí con Pirí.

Ibamos hacia el hotel desde donde saldría la delegación y en el camino nos encontramos en medio de una balacera, un tiroteo impresionante entre los "gusanos", que todavía quedaban en la isla, y los "verde oliva". Nos tiramos al suelo y las balas zumbaban que daba miedo. Los "verde oliva" vinieron y nos llevaron rápidamente a una lechería donde había otra gente protegiéndose. La cuestión es que se nos hizo tarde y cuando llegamos al hotel los argentinos ya se habían ido para el Banco de la Industria, donde estaba el Che Guevara. Le explicamos al encargado del hotel lo que había pasado y él nos dijo que no nos hiciéramos problemas, que nos pondrían un auto para que "nos" llevara. Yo pensaba qué iba a hacer con esa mujer. Cuando llegamos, el chofer se bajó a averiguar, y un guardia ya estaba al tanto de que llegaríamos, se ve que les habían avisado del hotel. Entramos, ya estaba la delegación conversando con el Che, y Pirí comenzó a preguntar mucho, sobre todo acerca del foquismo. Bueno, estuvimos un rato hablando con él, luego volvimos al hotel junto a la delegación, yo me olvidé de Pirí, y al rato vino hacia nosotros un agente de inteligencia cubano; se dirigió a mí y me preguntó:

—¿Usted es Bayer?.
—Sí, *le contesté.*
—Me tiene que acompañar.

Me llevó a una habitación pequeña donde había otra gente y me pidieron el pasaporte. Lo miraron, se lo guardaron y uno de los que estaba ahí me pregunta por mi "amiga", por qué la había hecho entrar a hablar con el Che.

—Mire, ella no es mi amiga, *les expliqué*. Es una persona que conocí en lo de Rodolfo Walsh. Ustedes pueden constatarlo llamándolo a él y preguntándole. El es uno de los titulares de **Prensa Latina**.

—¿Pero usted no sabe lo que es la custodia revolucionaria?, *me preguntó.*

—¿Cómo?, *le dije.*

—Que si usted no sabe lo que es la custodia revolucionaria.

—¿Por qué me lo dice?

—Porque ¿qué pasa si su amiga saca una pistola y lo mata al compañero Che?. Usted ¿qué me va a contar?

En un segundo comprendí que tenía razón, que si ello hubiese pasado yo no habría podido defenderme ni haber demostrado lo contrario, yo hubiese sido un instigador, yo no sabía quién era Pirí. Pero les dije:

—Compañero, el defecto fue de ustedes, yo no tenía a cargo la custodia.

—Esa es una respuesta pequeño burguesa, *dijo uno.*

Yo la ligaba doble: En un rato nomás, Pirí me había llamado "burguesito" y el funcionario cubano "pequeño burgués". O sea que el día que la conocí a ella lo recuerdo como un trago amargo porque me produjo ese mal momento con los cubanos. Un año después la vi en una librería de Buenos Aires. Yo estaba mirando libros y golpearon la vidriera. Levanté la mirada y la vi. Entró sonriendo, me dio un beso y me dijo, riéndose: "Cómo te jodí aquella vez". Yo le contesté: "¡Qué vas a hacer!". Y nos fuimos a tomar un café por ahí.

❖ ❖ ❖

Así era Pirí. La secuencia sería: Impulsiva, no tenía límites para lograr lo que quería (en este caso, verlo al comandante Guevara), y cuando lo lograba, se ufanaba de ello, se reía.

El proceso revolucionario en Cuba marcó a Susana Lugones como a muchos de su generación. Con todo, su militancia orgánica en la política argentina recién se producirá hacia fines de la década del '60 con su ingreso a organizaciones del peronismo revolucionario como las Fuerzas Armadas Peronistas (FAP) y, luego, Montoneros, además de su participación en entidades de denuncia como, en los primeros años setenta, el Movimiento Nacional contra la Represión y la Tortura, donde también militaron otros periodistas desaparecidos, entre ellos Daniel Hopen.

✧ ✧ ✧

("Cuando me secuestraron, en noviembre de 1977, mi primer lugar de detención fue el "Atlético", uno de los campos de concentración clandestinos que instaló la dictadura. El 28 de diciembre nos mudan a "El Banco", otro centro donde los militares tenían a los detenidos. Yo no sé si ella ya estaba en el "Atlético", pero la conocí en el "Banco", creo que fue en enero de 1978. Ella había sido secuestrada por los mismos días de diciembre que Luis Guagnini, Guillermo Pagés Larraya y militantes montoneros vinculados al área de prensa. Cuando yo la conocí, ella estaba en la enfermería. Además de su renguera, tenía algún problema de salud. Por entonces, ella se llamaba "Rosita". - Testimonio de Mario Villani, ex detenido-desaparecido).

✧ ✧ ✧

Desde la década del '40, Pirí simpatiza con los grupos universitarios que se oponían al peronismo, en el gobierno desde 1946. Veinte años después, como muchos intelectuales con pensamiento de izquierda, realizará una parábola ideológica para abrazar al peronismo. Estela Blanchard la conoció en 1955, recién producido el golpe militar que, encabezado por los militares Eduardo Lonardi, Pedro Eugenio Aramburu e Isaac Rojas, derrocó al general Juan Domingo Perón de su segunda presidencia.

–**¿Ustedes conversaban sobre política cuando se conocieron?**

E.B. –*No, para nada. Más bien ese tema le interesaba a Carlos Peralta, su esposo, que era un hombre de izquierda. Recuerdo que él se quejaba de algunas medidas de la Policía Federal, por ejemplo del comisario Margaride, quien por ejemplo, entre otras cosas de la represión, tomaba medidas contra las parejas que se besaban por la calle o inhabilitaba hoteles alojamiento.*

✧ ✧ ✧

Fue bien al principio de la década del '60 cuando viajó a Cuba. La mayoría de los testimonios sobre la Pirí de esa época refieren que, más allá de su actividad laboral en medios comprometidos con los procesos de liberación y su simpatía hacia la izquierda, no tenía una participación directa en grupos políticos.

Roberto Pastorino, otro compañero de **Prensa Latina**, la describe como *"socialista con un criterio general, es decir, no de un partido. Lo cual en gran parte era lo que nos pasaba a muchos, por una cuestión de edad, y del contexto de aquella época"*.

Para Carlos Barés, *"todos éramos de izquierda. No se podía estar en otro lado. No parecía socialista, discutía y se mofaba de los postulados ortodoxos, un poco porque le gustaba la esgrima intelectual. Cuando regresó de Cuba vino entusiasmada, simpatizada mucho con Guevara y la guerrilla cubana, pero en ningún momento yo vi que ella quisiera algo similar en la Argentina. Le parecían muy bien las medidas que se tomaban allá, pero no me decía que eso hubiera que hacerlo aquí"*.

Aída Bortnik. *—Le interesaba mucho lo que ocurría en Cuba y lo que pasaba aquí también. Tenía una mirada muy lúcida acerca de lo que pasaba entonces, cuando estábamos a principios de los '60 y todo parecía tan fácil, y sin embargo ella no lo veía así; era muy crítica.*

—¿Cómo la definiría por sus ideas políticas?

A.B. *—Era sin dudas de izquierda, de una izquierda progresista muy clara y muy definida. Pero no creo que hubiera podido pertenecer a ningún partido político. Estoy convencida de que era más bien anarquista. No soy amiga de dar definiciones tan tajantes. En todo caso no soy quién para hacerlas sobre ella. Tal vez Pirí alguna vez se definió en ese sentido, o quizás no.*

—¿Pero qué pensaba exactamente sobre el Che, por ejemplo?

A.B. *—Admiraba la Revolución Cubana y la fortaleza moral del Che, por quien tuvimos un duelo muy duro la noche en que nos enteramos de su asesinato, el 8 de octubre de 1967. Nuestro homenaje a él fue discutir entre varios durante dos días seguidos. En Buenos Aires llovió cinco días ininterrumpidamente cuando lo mataron. Fue un duelo beligerante acerca del sentido que tenía lo que había hecho en Bolivia, sobre qué hubiese podido conseguir allí y qué no. Tratábamos de entender el porqué de aquella actitud.*

❖   ❖   ❖

(*"Pirí estuvo en la enfermería de "El Banco", porque a cada detenido le asignaban una tarea. Ella ayudó a vacunar a los presos en un momento en que hubo un brote de hepatitis y nos dieron a todos gamaglobulina. Allí tuve oportunidad de conocerla, de conversar con ella, que se llamaba Rosita, como dije. La imagen que guardo es que era muy solidaria, que cuando alguien quería y podía ir a verla, lo que no siempre era tan fácil para los presos, recibía su apoyo y aliento. Se discutía mucho de política en el campo, pero con cuidado, porque las cosas estaban muy mezcladas. Uno no sabía quién era quién. En medio de ese clima, tenía apariencia de dureza."* Testimonio de Mario Villani).

❖ ❖ ❖

Los años '60 fueron básicamente de discusión en la Argentina. Fue un período de auge de ideas, muy intenso en el mundo de la política y la cultura. Se ponía todo en debate: la Revolución, la literatura, la música, el psicoanálisis, la política. La vida personal, afectiva, y social de Pirí cobró un grado de intensidad inusitado. Según muchos testimonios, fue un nexo entre diversas corrientes de pensamiento y artísticas que cruzaban la cultura de Buenos Aires. Las multitudinarias reuniones en la casa de Pirí, su presencia en cuanto evento cultural había, la mostraban radiante, abierta y sin prejuicios en aquellos años. Los '70 fueron, en cambio, de acción. También ello fue crucial en su vida.

Daniel Divinsky, cuya relación profesional con ella se había iniciado en la **Editorial Alvarez** entre 1967 y 1970, y luego continuado en **de la Flor**, marca ese cambio. *"Cuando yo la conocí –dice– su compromiso político era muy genérico. Era una ubicación clara en el espectro ideológico, pero para nada militante, ni ligada a ningún grupo político. De repente, a partir de 1971, empieza a vincularse más directamente con grupos políticos y a tener una actitud más coherente con la ideología genérica que expresaba."* Algo similar opina Jorge López, compañero de trabajo en **Editorial Alvarez**: *–Era una mujer progresista* lato sensu, *no creo que se hubiera afiliado a un partido ni mucho menos. Era muy individual, aunque le preocupaba lo que estaba ocurriendo en la sociedad. Nunca le vi convicciones políticas fuertes. Era una tipa contestataria.*

Lo mismo podría decirse de su ideología estética, según Ricardo Halac: *–No diría que es una de esas personas que estaba convencida de que con el arte se cambiara a la sociedad. Era más bien esteticista, era muy amplia, para nada dogmática, una mujer con su propia estética y gustos literarios. No pensaba con un espíritu dogmático que dijera hay que escribir esto o lo otro. Estaba exenta de todo esto.*

¿Cómo fue que Pirí fue avanzando en su compromiso político? Estas palabras de su íntima amiga Julia Constenla sirven para entender este camino, en términos coincidentes con lo señalado por los anteriores testimonios: *–A fines de los '60 no tenía una militancia orgánica, era una 'zurdita a la violeta'. Estaba con Cuba, pero no militaba en ningún partido. Su propia actitud de vida se lo impedía. Era bohemia y transgresora para todo. Era anárquica.*

Muchos de quienes la venían frecuentando en los años '60 comenzaron, a partir de la década siguiente, a verla cada vez con menor frecuencia, como correlato de su creciente compromiso.

Sigue Constenla: *—Por entonces empieza a aproximarse nuevamente a Walsh. Ellos habían seguido como amigos después de su vida en pareja diez años atrás, ella lo había editado en lo de Alvarez, pero por los '70 volvieron a vincularse políticamente. Ella estuvo muy próxima a todo lo que fuera el pensamiento de Rodolfo. El empezó a asumir mayores responsabilidades políticas y ella se fue plegando muy lentamente. Después sí se convirtió –como hacía todo– sin límites, sin ningún límite.*

Poupée Blanchard lo ve de otro modo: *—Cuando Walsh volvió de Cuba, recuerdo que traía una preocupación por su experiencia en* **Prensa Latina**. *Con Jorge Masetti se le había planteado el conflicto entre su trabajo profesional y el sentido político que debía tener la prensa en una Revolución. Rodolfo era de un país burgués, nadie le había enseñado a sacrificar cosas en homenaje a una Revolución, porque además era muy celoso de su trabajo profesional, y entonces él regresó a la Argentina con ese tema. No tuvo trabajo de periodista por un tiempo, por lo cual trabajó conmigo en mi negocio de antigüedades.*

En 1968, durante el régimen militar encabezado por el general Onganía, el sindicalismo argentino había fundado la combativa CGT de los Argentinos, cuyo semanario dirigía Walsh, quien en esa época publica literatura y libros testimoniales. Ya unos años antes lo había hecho con **Operación Masacre**, sobre los fusilamientos de la dictadura que derrocó a Perón en 1955. Según la opinión de Blanchard, *"fue Pirí la que lo fue arrimando nuevamente a la militancia. Ella venía a nuestro negocio y lo invitaba a las reuniones".*

"No –recuerda por su parte el músico Tata Cedrón–. *Yo creo que fue ella la ayudada por Walsh, que fue uno de los tipos más claros de este país, y es una pérdida enorme como cuadro político".*

❖ ❖ ❖

Desde que, en 1966, fue derrocado el gobierno de Illia, el régimen militar que gobernó la Argentina tuvo como presidentes a Onganía, Roberto Marcelo Levingston y Alejandro Lanusse. En 1969 el "Cordobazo", un movimiento sindical y estudiantil en la provincia de Córdoba, sacude al país y marca el comienzo del fin del gobierno de Onganía. El 29 de mayo de 1970, un mes antes de que éste fuera desplazado por las propias Fuerzas Armadas, es secuestrado en Buenos Aires Pedro Eugenio Aramburu. Al día siguiente, un comunicado adjudicándose esa acción y su posterior ejecución da cuenta de la emergencia del grupo guerrillero Montoneros. Esta organización fue el producto de la convergencia entre jóvenes católicos de formación nacionalista, integrantes del Comando Camilo Torres y militantes del Movimiento Nacionalista Revolucionario Tacuara.

◆ ◆ ◆

Cuando ya los Montoneros y la Juventud Peronista habían ganado un gran espacio en la izquierda argentina, en especial en sectores juveniles e intelectuales, muchos de ellos fervientes antiperonistas unos años atrás, pero que ahora observaban el peronismo como eje de un movimiento liberador contra la dictadura de Lanusse, Pirí milita en las filas de esa tendencia revolucionaria del peronismo ejerciendo funciones de trabajo barrial, prensa e inteligencia.

Su amiga Lili Mazzaferro dice que *"en esa época yo siempre le decía que no entendía cómo ella, que venía de una familia burguesa, acomodada, podía trabajar en barrios. Y sin embargo, era eficiente. Yo me preguntaba cómo se iba transformando ella, que era muy selectiva y en ese momento se vuelca a trabajar bien en la base. Creo que la militancia cambió a mucha gente poniéndola en un lugar absolutamente diferente a aquél del cual venían".*

En 1973 cae la dictadura y el 25 de mayo asume la presidencia Héctor J. Cámpora, el hombre designado por Perón, impedido todavía de participar en elecciones. El ex presidente regresa de su exilio el 20 de junio y, tras una segunda elección ese mismo año, asume por tercera vez la presidencia, el 12 de octubre. En mayo de 1974 la organización Montoneros pasa a la clandestinidad, después de disentir con Perón y cuando el conflicto dentro del gobierno, entre los sectores combativos y la ultraderecha que ganaba espacio en el entorno presidencial, hace imposible un consenso de gobernalidad.

Miguel Bonasso, otro testigo y militante de aquella época, recuerda que Pirí *"estuvo vinculada a la estructura de inteligencia, en la que también actuaba Walsh. Era una excelente informante, una excelente reportera, y mantuvo esas cualidades aun cuando Montoneros pasó a operar clandestinamente".*

Bonasso participó en la vida sindical de los periodistas de Buenos Aires, cuando los sectores peronistas de izquierda tenían dos agrupaciones. La "26 de Enero", en la que él estaba, cercana a la Juventud Peronista, y la "26 de Julio", ligada al Peronismo de Base. Luego se fusionaron en el Bloque Peronista de Prensa que, junto a los sectores de izquierda, organizados en el Frente de Trabajadores de Prensa, tuvieron un rol preponderante en la ex Asociación de Periodistas de Buenos Aires, que por entonces tenía un enfrentamiento abierto con el Sindicato de

Prensa, en manos de la derecha peronista.

"*Ahí* —dice Bonasso— *había elementos que estuvieron en la conspiración contra la Tendencia revolucionaria del peronismo, contra el 'camporismo' y con los grupos que estuvieron en lo que podría ser preludio de la masacre de Ezeiza. Había muchas asambleas, eran años intensos, con la huelga de* **La Opinión**, *de* **Clarín**, *y hubo una participación muy grande en la política general. En los años '73 y '74, sobre todo, hubo una efervescencia total*".

En cuanto a la prensa del peronismo revolucionario, va viviendo "*una situación de degradación y clandestinización que se va tornando más pronunciada a partir del desbarranque del gobierno de Isabel, luego de muerto Perón, y todo el comienzo del terrorismo de Estado a través de la Triple A. Estábamos en una situación ambigua y muy peligrosa*", recuerda Bonasso.

"*En el diario* **Noticias** —continúa el relato— *nos metían bombas, nos amenazaban de muerte... La estructura de prensa de Montoneros comete un error muy grave, muy criticado por Walsh y Pirí que estaban allí, que es sacar una publicación de carácter frentista que se llamó* **Informaciones** *y de la cual sólo salió un número, justo el 24 de marzo de 1976, el día mismo del golpe, y no salió más. Era una publicación destinada más bien a mostrar las voces de los aliados, había todo un trabajo respecto a algunos actores populares, cristianos, sectores socialistas y de izquierda en general. Para hacer esta publicación se usó un lugar de la zona sur —el "astillero"— al que fueron Paco Urondo, Enrique Walker, Héctor Oesterheld, y se habían juntado como 60 compañeros del área de prensa. Eso era una verdadera locura. Era a fines del '75 y eran compañeros muy conocidos, de mucho peso, muy necesarios todos en la posibilidad del desarrollo de una prensa popular clandestina. Walsh planteaba que en lugar de que hubiera 60 ahí, debían haber 10 células de 6 compañeros cada una, haciendo prensa en la clandestinidad, una prensa de la resistencia, como él efectivamente hizo después del golpe. Pero eso iba en contra de la visión megalomaníaca de la conducción montonera que seguía operando como si nada pasara, es decir, escribiendo un semanario de salida en los quioscos, un semanario público en un momento en que no había espacio para eso. Y tuvo consecuencias gravísimas. La inmensa mayoría de los que anduvieron por ahí cayeron y algunos sobrevivientes fueron a parar al exilio, a España, como en mi caso, que me fui a Europa, vía México. Por ahí pasó mucha gente que fue identificada, que se conocía. O sea, se vulneraron las normas más elementales de seguridad y eso permitió la caza de compañeros*".

A Pirí ya no se la encuentra en las reuniones de amigos y de la cultura porteña. Unos pocos saben de su vida. Casi a sus 50 años, ya es más "Rosita" que Pirí. Estos violentos años setenta serán un tiempo definido por la acción, la clandestinidad, el ocultamiento, y finalmente la desaparición y el silencio. *"Nadie hablaba con nadie ni de nada. Eran años signados por el terror y la desconfianza,* recuerda Dante Crisorio.

❖ ❖ ❖

(*"Nunca pensé que la siguiente etapa de nuestro secuestro sería un penal o lo que llamaban nuestros represores una 'granja de recuperación'. Siempre creí que nuestro destino sería la muerte. Había quienes preferían creer aquello. Yo discutía con ellos, pero no trataba de convencerlos porque no me creía con el derecho de hacerles perder esa ilusión, con la que podían quizá sobrellevar mejor esos momentos terribles. Pirí estaba de acuerdo conmigo. No nos creíamos dueños de la verdad y ahí nada era claro. Yo la vi convencida de que no tendría salvación, de que estaba sentenciada. Hablar con Pirí me sirvió para tener una opinión lúcida de lo que nos pasaba allí y también de lo que pasaba en el país"*. –Mario Villani).

❖ ❖ ❖

Los datos de una cronología varían, son imprecisos, aproximados. La memoria tambalea. El recuerdo parece una película borrosa, de rostros y circunstancias desdibujadas. La clandestinidad exigirá el anonimato, la pérdida de la cotidianeidad. Noé Jitrik se alejó de la Argentina en 1974. Dice: —*Hasta entonces, yo nunca supe de ninguna fuente que Pirí participara en términos de una política activa, o que se metiera en algún grupo. Fue una sorpresa muy grande enterarme de que había sido secuestrada tiempo después que su compañero, Carlos Collarini.*

Collarini era médico, militaba activamente en aquellos años, y fue la última pareja de Pirí. Todas las personas que los conocieron entonces coinciden en que se trató de la relación más serena y feliz de Pirí en mucho tiempo, acostumbrada como ella estaba a relaciones inestables.

Jitrik recuerda que *"estando en México, las pocas noticias que me llegaban de ella eran sobre su actividad política, inclusive lo de su desaparición. Digamos, no sabía pero me imaginaba que podía estar militando y que podía haber sido capturada. Además, ella era de nuestra generación, como Walsh –con Pirí, seguramente se influyeron mutuamente–, y para actuar en la clandestinidad quizás hacía falta tener mucha experiencia, y ella se metió a la política ya siendo una mujer grande; esa experiencia era difícil de adquirir"*.

Pirí tenía claro el tema de su edad, lo había asumido. En conversaciones con su amiga Mazzaferro, Pirí solía decirle: *"¿Te das cuenta? Con la edad que tengo, haberme metido en esto"*. Su amiga le respondía: *"Sí, poca gente lo hace, vos estás quemando las naves totalmente".* En su testimonio, Mazzaferro recuerda que en 1975 viajó a Europa para participar del Tribunal Russell. Y años después denunció en las Naciones Unidas la desaparición de Susana Lugones. Cuando ellas se habían despedido en Buenos Aires, por el viaje de Mazzaferro a Europa, Pirí la abrazó fuerte y le dijo: *"No sé si volveremos a vernos"*. *"No digas eso, yo voy y vuelvo"*, le respondió su amiga. Durante muchos años, como tantos argentinos, ella debió permanecer fuera del país.

Constenla también supo en el extranjero de la desaparición de Pirí. Al igual que millares de personas, ella estaba exiliada, pero *"Pirí no se iba a ir, nunca nos habló de eso. Ella se metió a militar como hacía todas las cosas: con todo. Yo me fui en octubre de 1976 y la vi uno o dos días antes de partir. Yo todavía la frecuentaba bastante, como a Paco Urondo, a quien veíamos a menudo. Ella tenía un compromiso muy fuerte, muy íntimo con la organización, a pesar de que tenía muchas críticas para hacerle. Nunca supe que ella pensara abandonar la Argentina".*

¿Qué pasaba con Pirí en esos días? Ella estaba en pareja con Collarini y militaba en la estructura de prensa de Montoneros. Su vida se iba transformando, también su nombre y su casa. Una vecina del edificio de El Hogar Obrero recuerda: —*Tuvimos contacto hasta el final. Yo sabía dónde militaba Pirí. Ella me llamaba cada tanto y me decía que estaba bien, que me quedara tranquila. Daba otro nombre, como Rosita. Yo le reconocía la voz. Una vez me llamó, como hizo con otras amigas, y me citó a la casa. Era 1975 y yo ya no vivía en ese edificio. Cuando llegué, vi que estaba desarmando todo y me dio, sin explicarme nada, algunos libros y cuadros. No había nada que decir. Yo entendía lo que estaba haciendo.*

Osvaldo Bayer recuerda que fue por esos años cuando ella le entregó archivos y prontuarios del padre acerca de los anarquistas, que él utilizó en alguno de sus trabajos sobre el anarquismo en la Argentina. Y su tía abuela, Raquel Aguirre, rememora la última vez que la vio: —*Ella ya estaba huida de todas partes, escondiéndose. Esa vez vino a pedirme que le saliera de garante de un departamento que ella quería alquilar. Le dije que sí. No era lejos de mi casa, en Barrio Norte. Fue unos meses antes de su desaparición, a lo sumo un año. Con su hijo Carel se veían en un bar; Tabita ya estaba en España.*

—**¿Ella nunca se planteó salir del país?**

R.A. —*Tengo la impresión de que para nada. Que no quería. Que si me matan, me matan. Estaba totalmente convencida de lo que estaba haciendo.*

❖ ❖ ❖

(*"Yo tuve con Pirí momentos de charlas afectivas. A pesar de la imagen dura que daba en el campo de concentración, era una persona con quien era muy agradable entrar en una conversación, en una relación amistosa. En realidad, la imagen dura que tenía, creo que era una máscara. En el fondo tenía una enorme capacidad de afecto".* —Mario Villani).

⋄ ⋄ ⋄

Viajando de colectivo en colectivo, muchas veces sin tener dónde alojarse, como recuerda Pedro Pujó; sin querer reconocer a una amiga como Poupée Blanchard en un negocio de comidas para no comprometerla, por temor a estar vigilada; llamando a sus amigas por teléfono y ocultando su identidad; desmejorada físicamente y usando bastón según la vio por última vez, en lo primeros meses de 1976, su ex compañero de la **Editorial Alvarez**, Jorge López, Pirí trataba de proteger su vida y la de sus compañeros y amigos en una época signada por la muerte. Desde el 24 de marzo de 1976 se había instalado en la Argentina la dictadura más feroz que ha habido en su historia, encabezada por el general Jorge Rafael Videla.

Una pregunta difícil de responder con precisión es qué pasó exactamente el día del secuestro, las jornadas previas y durante su cautiverio. Hay, sin embargo, varios testimonios al respecto, además del que ofreció su compañero de detención Mario Villani. Irma, una amiga, recuerda que entre agosto y setiembre de 1977 había sido secuestrado Carlos Collarini. *"Pirí estaba desolada. Yo me encontré con ella el 17 de diciembre de ese año en Malabia y Santa Fe. Estaba muy triste. No era la misma persona que diez años atrás, cuando vivíamos en el mismo edificio de El Hogar Obrero y tenía trabajo y fiestas y gente y cosas... Era como que todo se había dado vuelta. La invité a cenar y vino un par de días después a tomar un café. El día 23 me llama una amiga común y me informa de su secuestro".*

Laura Yusem: —*Cometió un error. Fue a una cita de la que estaba advertida que no debía ir. Esos momentos son difíciles de juzgar. Si creía que podía zafar, si fue un acto suicida, si su lealtad o su compromiso pudo más, si fue inocencia... Ella absolutamente sabía que había una persona sospechosa. Le pasó a muchos militantes. Yo creo que en general eran muy lúcidos todos ellos. Ya sabían que estaban derrotados, pero básicamente lo que los destrozaba es que había una traición interna y que ya había habido tantas muertes y ellos estaban tan comprometidos que preferían morir a afrontar esa traición. Es que ellos tenían responsabilidades, no eran militantes de base, tenían un compromiso político y moral. En intelectua-*

les como ella, como Luis Guagnini, otro periodista desaparecido, y tantos otros, eso era absoluto.

Yo creo que la muerte de Pirí, si bien ella la pudo prever, la prefirió al exilio o a tener que aceptar la traición interna, que era mucho más dolorosa que la actitud del enemigo. Yo estoy convencida de que ella tuvo una conducta leal a sus compañeros hasta el final, fiel a la actitud que tuvo desde que se sumó a esa militancia ya que ella creía sinceramente en un cambio revolucionario, cosa que no se puede decir de todos. Pirí tomó el mismo camino que Walsh, con tanta valentía como él. En ese sentido había una reivindicación de lo femenino, en cuanto a que una mujer podía ser militante, persona de la cultura, comprometida, al mismo nivel que el hombre.

Lili Mazzaferro: —*Estando en Europa, conocí la información de dos ex-presos que declararon allá, y que hablaron de "El Atlético" y "El Banco" como los lugares de detención de Pirí. Estaban acusados de haber colaborado con la represión. Ella, me dijeron, fue asesinada en los primeros meses de 1978, fue torturada, y le decían "Renga, corré", y ella se caía. Pero ella les decía de todo, los puteaba.*

Rogelio García Lupo: —*Supe, por varios testimonios, que ella enfrentó a sus torturadores desafiando e ironizando. "Ustedes qué saben de torturas: torturador era mi viejo", les decía Pirí en referencia a su padre, que se había hecho famoso aplicando la picana a los detenidos.*

Horacio Verbitsky: —*Fue secuestrada el 21 de diciembre de 1977 de su departamento en Buenos Aires, y vista por otros cautivos en un campo clandestino de concentración. Quienes la conocieron allí cuentan que enfrentó a sus captores con altivez e ironía, a pesar de las torturas y los golpes. Fue asesinada en un traslado masivo el 17 de febrero de 1978".*(1)

✧ ✧ ✧

(*"Cuando ocurrían los traslados se les decía a los presos que iban a ser llevados a un penal, como detenidos oficiales a disposición del Poder Ejecutivo, o a 'una granja de recuperación'. En realidad era un verso. Venía algún represor, llamaba a los que tenía ordenado —como le ocurrió*

---

(1) Horacio Verbitsky, **Ezeiza**, Editorial Contrapunto, Buenos Aires, 1985. El autor le dedica este libro a Pirí, *"quien me suministró –dice– las cintas grabadas de las comunicaciones del COR, CIPEC, la SIDE y el Comando Radioeléctrico de la Policía Federal, del 20 de junio de 1973".* En esa fecha ocurrió una masacre en las cercanías del aeropuerto internacional de Ezeiza, en las afueras de la ciudad de Buenos Aires, en oportunidad del regreso del ex presidente Perón a la Argentina.

a Pirí en 'El Banco'– y los ponían en fila y les hacían dejar la ropa mintiéndoles acerca de que el lugar al que los llevarían era caluroso, por ejemplo se hablaba de algún lugar del Norte argentino, y que esa ropa podría ser usada por nuevos presos. ¿Qué pasaba después de un traslado? Quedaba a cargo de nuestra imaginación, nadie lo podía asegurar. Después, supimos la verdad". –Mario Villani).

❖ ❖ ❖

A fines del '76, un año antes de ser secuestrada y arriesgando su vida, Pirí recorre las calles y los cafés de Buenos Aires acompañando a una adolescente de 15 años, a la que conocía desde su nacimiento. Una militante de la peronista Unión de Estudiantes Secundarios (UES). Su familia decide exiliarse y la joven no quiere irse del país. Los padres no logran convencerla porque ella está profundamente vinculada a la organización estudiantil y cree que el deber es permanecer en la Argentina y enfrentar a la dictadura. Pirí pasa horas persuadiéndola: *–No sientas que esto es una derrota* –le dice. *Andáte, aprovechá y aprendé todo: idiomas, manejar un auto, nadar, tejer, escalar una montaña. Estudia una carrera, hacé lo que quieras para que esto no sea una derrota en tu vida. Vos tenés que aprender todo.* La convence. Ella se va y se lleva las palabras de Pirí, que no la hacen sentirse una traidora. Así es la fraternidad y la generosidad de Pirí.

❖ ❖ ❖

Horacio Verbitsky. *–En los años '40 y '50, Pirí era una típica exponente de la clase media antiperonista, como en ese entonces era Rodolfo Walsh, un intelectual que no militaba en el antiperonismo, pero que era opositor a ese movimiento. Fueron los años en que, con Carlos Peralta, tuvo sus tres hijos: Tabita, Carel y Alejandro. Carlos, un hombre brillante, milita en la izquierda, en todo ese clima que cambia la escena política argentina luego de 1955.*

Lilia Ferreyra. *–Pirí también participa de ese pensamiento en general, pero no militaba, más bien se vinculó a todo el ambiente cultural e intelectual de Buenos Aires.*

H. V. *–Ahí tiene influencia, como en mucha gente, la Revolución Cubana. Ella estuvo allí en los primeros años. Ese era un poco el itinerario de muchos: el antiperonismo, el golpe del '55, la Revolución Cubana... Respecto a lo cultural, Pirí fue fundamental para que Walsh desarrollara su veta literaria en los años '60, y él fue fundamental para que ella desarrollara su veta política. Toda la actividad política de Pirí estuvo de algún modo inducida, conducida por Rodolfo.*

✧ ✧ ✧

Otros testimonios aluden a la militancia barrial y de inteligencia que desarrolló Pirí. Respecto del trabajo en barrios militó junto a María Rosa Vargas, detenida desaparecida desde 1977. Ex compañeros de Pirí recuerdan que, cuando volvía de una actividad, decía con una sonrisa haber *"pateado el barrio y el barro"*. Con Walsh trabajó como radioescucha para detectar informaciones de la policía o los organismos de seguridad, y se recuerdan dos hechos de la historia política reciente del país que ella pudo conocer con antelación a través de esa labor: los preparativos de la masacre de Ezeiza en 1973 y el secuestro de las Madres de la Plaza de Mayo en diciembre de 1977 en la Iglesia de la Santa Cruz, ya en plena dictadura y en el mismo mes de su propio secuestro. Este episodio, cuando ya su organización política estaba totalmente desarticulada, evidencia la patética soledad de Pirí en aquellos años, así como su compromiso a seguir militando por sus ideales.

El compañero de Susana, Carlos Collarini, tenía una importante tarea gremial. Fue uno de los organizadores de los paros ferroviarios que se dieron inmediatamente después del golpe del '76. Fue secuestrado unos meses antes que Pirí. Como se señaló en varios testimonios, ella quedó profundamente deprimida.

Horacio Verbitsky. —*Esa vez no había más defensa, no más guardias levantadas ni soberbia. Estaba absolutamente desesperada. Aunque nunca perdió ni su elegancia ni su sentido del humor.*

Lilia Ferreyra. —*Usaba anteojos en esa época, y andaba ya con bastón. Recuerdo que una vez fuimos al cine las dos solas, ya habían secuestrado a Carlos y lo de Rodolfo había sido el 25 de marzo de ese mismo año de 1977. Eso de ir a ver cine o a un café era una transgresión. En esa época uno debía ir más bien a esconderse debajo de la tierra. En un cine de Corrientes, creo que el "Libertador", nos encontramos un día, ella estaba toda vestida de negro, elegantísima, muy bien pintada y maquillada.*

H. V. —*Siempre tuvo una actitud, una dignidad, una grandeza... Cuando lo secuestraron a Carlos, ella se vino a vivir a mi casa. Tuvo una caída y un esguince, con lo que se agravó su problema de cadera. Estuvo como 40 días en reposo. Y entonces jugábamos a las visitas. Ella tenía una veta lúdica muy notable, muy rara en un adulto. Ella se quedaba en la pieza, con la puerta cerrada, y mi esposa y yo golpeábamos la puerta, ella preguntaba "¿quién es?", nosotros contestábamos y ella nos invitaba a pasar y a tomar el té, que por supuesto preparábamos nosotros porque ella no podía ni levantarse de la cama. Era una situación muy patética porque estaba desapareciendo todo el mundo. Cada día teníamos noticias de otro secuestrado. Una sensación de cerco, de acoso. Cuando se restableció del esguince, alquiló un departamento y se fue a vivir allí. Pero no soportaba la disciplina de la clandestinidad, de la compartimentación.*

Había un solo tema que a ella la motivaba: averiguar cómo lo habían secuestrado a Carlos y qué había pasado con él. Entonces, transgrediendo cualquier criterio de disciplina, ella trataba de encontrarse con personas que pudieran saberlo y preguntarles. Había hecho un cuestionario con muchas preguntas para determinar la verdad. Era conmovedor. Yo nunca había visto a alguien que tomara tan en serio una cosa así –tan espiritual, tan ética– en un momento en que todo el mundo más bien corría a esconderse y se preocupaba únicamente por la supervivencia.

Cuando ella se fue de mi casa insistió mucho en darme su dirección. "Aunque no quieras te la voy a dar porque no quiero quedarme aislada, quiero que vengan a mi casa". *Sé que se la dio a otro compañero. La desaparición de Carlos, como antes la de Rodolfo y la de tantos otros, la tornaba cada vez más dependiente de los pocos compañeros que quedaban. Fui a visitarla varias veces. Esto es significativo de todo un grupo de gente que llevó su militancia paralelamente con relaciones personales muy intensas, muy afectivas, de amistad, que se superponían con la orgánica militante.*

L.F. –*Siempre se buscaban resquicios a la orgánica para encontrarse cuando, por la situación que se vivía, no se podían tener relaciones frecuentes. Por ejemplo, ¿recordás Horacio el fin de año del '76?. Fue todo un operativo de este grupo de amigos para encontrarnos en tu casa, a la que íbamos llegando, por supuesto, compartimentados. Yo iba por una vereda y Rodolfo por la otra, y en un momento nos perdimos, pero finalmente llegamos a la casa.*

H.V. –*El 20 de diciembre de 1977, el otro compañero que conocía la dirección de Pirí tuvo una cita extraña. Había aparecido alguien que estaba fuera del país y que llamó al teléfono del control y dejó una cita para el mediodía. Este compañero decidió acudir, en contra del consejo que le dimos todos. Acordó con Pirí un control telefónico y le dijo que si él no dejaba un mensaje a una determinada hora de la tarde, ella debía irse de su casa. El no llamó. O sea que ella tenía el aviso de que debía irse de la casa. Pero no lo hizo. Yo traté de obligarla a que viniera conmigo, pero ella no aceptó, quería ir a su casa. Pirí quiso hacer conmigo una cita para el otro día. Yo le dije que no, que viniera esa misma noche, y que si no venía yo averiguaría por mis propios medios si había pasado algo. Esa charla la tuvimos en el barrio de Palermo y ella me decía:* "Yo quiero creer en los compañeros, en su lealtad". *Yo le contesté que eso estaba menos demostrado que la existencia de Dios.*

L.F. –*Yo también estaba ahí. Después fuimos a un bar en Canning y Santa Fe, y Pirí hizo lo que quiso, se fue a su casa. Para convencerte,* recuerdo que te dijo que ella había vuelto a armar su casa, que ahí tenía sus cosas y que quería volver allí.

H.V. —Hubo algo más. *Ella fue y volvió al bar, dijo haber visto a un tipo sospechoso, y entonces tuvimos otra vez la misma discusión. Pero ella era inflexible: esperó un rato y se volvió a ir. Estoy seguro, aunque ella no lo dijo, que fantaseaba con volver a ver a Carlos; eso era lo que la obnubilaba. Se fue, y esa noche la secuestraron en su casa. La fecha del traslado, que yo cito en el libro* **Ezeiza**, *me la proporcionó una testigo del juicio a los ex-comandantes que la vio en el campo de concentración "La Cacha".*

✧ ✧ ✧

Aída Bortnik: —Yo no sabía de su militancia. Pero Pirí era una persona libre, o que intentaba ser libre, y no quería coartarle la libertad a los demás, y esto es suficientemente ofensivo para cierta clase de gente. Tengo la horrorosa sensación de que parece casi natural que una sociedad represora como la sociedad argentina y un sistema asesino como la última dictadura militar, obviamente quisieran matar a alguien como Pirí Lugones. No era la clase de persona que les resultara posible soportar que viviera, que les resultara perdonable tolerar que viviera. No me extrañó en absoluto enterarme de que esa gente la había asesinado.

Cartas desde Europa

Tabita Peralta

Pirí Lugones en el jardín de las delicias

París, octubre de 1993

La familia de Leopoldo Lugones conocía bien a la familia de Julián Aguirre, el músico, casado con Margarita del Ponte, madre de Carmen. En alguna de las tertulias en casa de Margarita, Leopoldo Lugones –el hijo casadero de 26 años, diplomático, y luego jefe de la policía– encontró a Carmen, que sólo tenía 15 años. Ella debía ser muy bonita. Se casaron enseguida. El 30 de abril de 1925 nació en Buenos Aires Pirí Lugones Aguirre, mi madre.

Dos años después, Carmen Aguirre y Polo Lugones tuvieron una segunda hija y, un par de años más tarde, bajo el gobierno de Yrigoyen, Lugones fue enviado como embajador a Europa. Siempre oí contar que ya entonces la pareja tenía problemas. El golpe de Uriburu impidió la educación europea de aquellas niñas y debieron regresar desde un puerto, antes de llegar a destino. De vuelta en Buenos Aires, Carmen se separó de aquel hombre agresivo y violento e inició una difícil vida con sus dos hijas. Pirí sufría una tuberculosis ósea que la dejaría renga para siempre. Poco después, Carmen encontraría un segundo marido, el neurólogo Marcos Victoria, con quien se casaría en Montevideo.

De estos años de Pirí y de su hermana Babú me quedan muchas cartas escritas desde San Luis, donde veraneaban con su padre. "Queridísima mamá, –escribía Pirí desde Piedra Blanca, San Luis, en enero de 1940–... Nos levantamos para irnos de picnic a Los Pasos Malos. En la bolsa azul pusimos las provisiones: gallina hervida, asado, empanadas, dulce, huevos duros, tortilla criolla (de pan), galletas, yerba, azúcar, mate...".

Excelente estudiante de lenguas, Pirí llegó a la Facultad de Filosofía, donde conoció a Carlos Peralta. Se casaron, un poco sin permiso, durante un viaje de su padrastro y su madre. Carlos no era considerado un buen partido por la familia de mi madre, pero Pirí lo quería. Se casaron el 5 de junio de 1948.

Pirí era renga, pero muy valiente. Su padre le había asegurado que no podría tener hijos porque su pelvis estaba atrofiada por la tuberculosis. Desafío. Pirí hizo a repetición tres hijos. Yo nací en el '49. Alejandro en el '50 –con una mano de menos, porque Pirí se contagió una rubeola y en aquella época no se sabía–. De todas maneras su pelvis estaba efectivamente atrofiada y nacimos todos por cesárea. Nuevamente enfrentó a la realidad: tras el hijo querido y con una deformidad, decidió tener otro hijo:

una cesárea por entonces muy riesgosa. Pirí tuvo a Carel, en el '51, y mi padre firmó su sentencia de separación. Mi padre aceptó –ella se moría, transfusiones y drama– que los médicos del Hospital Alemán la convencieran y le ligaran las trompas. Pirí no perdonó nunca que la dejaran estéril. Siempre le dio una gran importancia al hecho de ser madre.

Nosotros vivimos unos años de infancia fantásticos: mermeladas caseras, cumpleaños sorprendentes, cuentos e historias de hadas, besos y cuadernos forrados... búsquedas de tesoros, navidades deslumbrantes. Pasaron los años. Llegó la separación. Esto significó, sobre todo, que ella retomara un trabajo en serio, que la alejaría de nosotros y, al mismo tiempo, la ponía en el centro del mundo literario de Buenos Aires.

No sé exactamente qué trabajos fueron antes que los otros. Pirí fue redactora de **Damas y Damitas**, estuvo en **El Hogar**, escribía en **Leoplán**, trabajaba a menudo para la **Editorial Atlántida**, escribía cuentos. Fue redactora de publicidad, traducía libros todos los fines de semana, no sé cuántas cosas pudo llegar a hacer para darnos de comer. Se acabaron los cuentos por la noche. Mamá llegaba agotada, furiosa por nuestros resultados en la escuela, cansada de trabajar. Pero a las 9 de la noche era nuevamente otra persona, llena de energía: se había cosido un vestido nuevo, había metido una codorniz adentro de un pollo y éste adentro de un pavo y así recibía a veinte personas a cenar en casa. Los niños, eso sí, a las 7 bañados y a las 8 en la cama. La casa se llenó de gente. Los amigos: Rodolfo Walsh, Cossa, Paco Urondo, Poupée, una anticuaria delirante, Juan Fresán, Miguel Brascó, Benicio Núñez, Quino, los psicoanalistas; pocas mujeres, salvo alguna vecina... Pirí tenía una especial aptitud para recibir a la gente y recuerdo perfectamente que había en casa muchas fiestas, mucha gente, mucha discusión y charla. Mucha alegría.

Aquella debe haber sido, también, la época en la que trabajó para **Prensa Latina** y su viaje a Cuba, eso sí, tengo la fecha: en el '59. Nos dejó en casa de los amigos: Alejandro en lo de Lili Mazzaferro de Laferrère, Carel en casa de los abuelos paternos y yo en lo de Zulema Katz y Paco Urondo. Creo que este viaje fue un hito importante en su vida. Cuando cerraron **Prensa Latina** en Buenos Aires la detuvieron y la policía llegó para allanar nuestro departamento, cosa que la chica que nos cuidaba impidió. Recuerdo la casa llena de gente al día siguiente, cuando Pirí salió en libertad. Recuerdo que aseguraba no haber tenido miedo.

(Cuando uno es chico no sabe demasiado bien qué hacen los padres. Cuando fui adolescente me marché de casa y estaba más interesada en mi vida que en la suya; después me fui a Europa; cuando quise saber ya era tarde, Pirí estaba en la clandestinidad; luego desaparecida. Los recuerdos, entonces... deben estar muy mezclados entre la realidad y la imaginación).

El hermanito de Juan Fresán era un chico diabético y se moriría, ciego, unos años más tarde. En aquella época vivía en Neuquén, donde el *tratamiento era muy complicado. Pirí lo tuvo en casa durante un año. Recuerdo que ese chico —que debía tener algún talento para la pintura— mamarrachaba nuestros mapas del colegio impunemente. Pirí lo mimó como si fuera un hijo. Lo defendía frente a nosotros que protestábamos porque él comía diferente.*

La foto más linda que tengo de Pirí la sacó Jorge García, alrededor del año '66. Ella contra una ventana de un departamento en la calle Sarmiento donde vivieron juntos varios años. Fue una época de gran equilibrio. Yo creo que entonces mi madre era feliz. Trabajaba mucho: era la época de las revistas. Escribía, traducía para las editoriales. Nosotros crecíamos. (Su separación de Jorge García fue un momento muy triste. Quizás me equivoque, pero ella y nosotros vivimos esta segunda separación como algo dramático. Volvimos a El Hogar Obrero y ella se dejó invadir por la tristeza).

*Después vino la época de las editoriales. Creo que sintió una verdadera pasión por ese trabajo. Amaba los libros, los autores, la literatura. Leía, traducía, hablaba de libros. Y comunicaba ese amor (recuerdo las reuniones en casa, la lectura de poemas, de manuscritos, las conversaciones y discusiones entre Piglia y Walsh, su viaje a Montevideo a ver a Onetti —a quien quizás publicó—, su descubrimiento de Vinicius de Moraes... Los estrenos de teatro, los autores en casa y la conversación permanente con escritores y editores. Tomás Eloy Martínez, Cossa, Porrúa, Jorge Alvarez, Astor Piazzolla, gente joven que quería publicar, como Germán García que venía del interior con **Nanina** bajo el brazo; la época del Tata Cedrón. También tradujo por entonces el libro de Yoko Ono que me llenó de orgullo en aquella época. Trabajaba todo el día y vivía apasionada por su trabajo).*

Nosotros, los hijos adolescentes, comenzamos a irnos. Sin embargo, solíamos ir a verla a un café, cerca de lo de Jorge Alvarez. Seguía dándonos lecciones de vida. No siempre, por entonces, estábamos de acuerdo con ella, pero todo lo que me dijo, al menos a mí en particular, me sirve actualmente para vivir. Y no es poco. (Lamento hoy terriblemente que no haya conocido a ninguno de mis cinco hijos, que jamás tuvieron abuela materna.)

Cuando yo ya estaba en Europa, su vida tomó otro rumbo. Y sé muy poco de cómo sucedió. Puedo imaginar, porque recuerdo su manera de decidir las razones. Militante, estaba cada día más lastimada por la muerte de sus amigos de siempre, que se habían convertido en militantes casi al mismo tiempo que ella. La muerte de Paco Urondo, de Rodolfo, la muerte de la hija de Rodolfo, la muerte de Manolo, el hijo de Lili, la muerte de Juan Dávalos, tan inmensamente estúpida, la muerte... las muertes. Se convertía en sobreviviente de sus amigos, de los hijos de sus amigos.

La última foto que tengo de ella la muestra envejecida, una foto chiquita, los labios hacia abajo, arrugas alrededor de los ojos de tanto

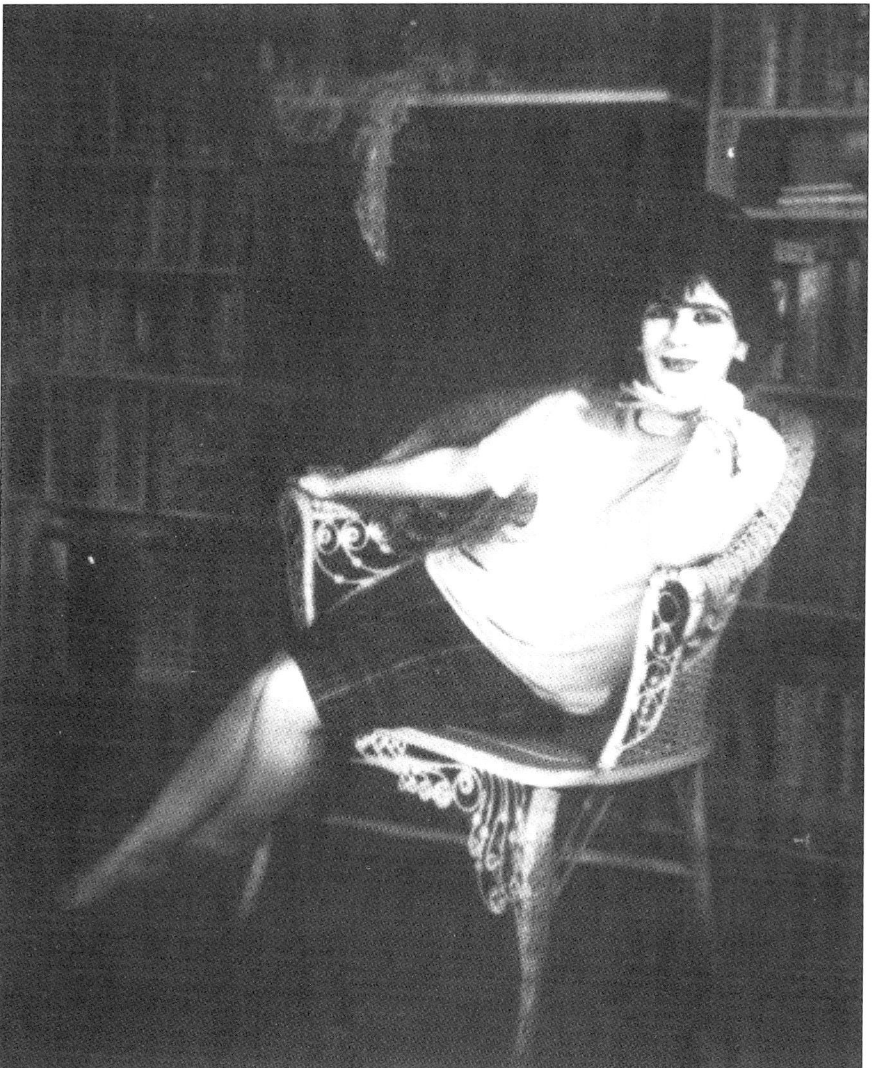

SALIMOS, CHE

Hay dos maneras de hacer periodismo. La primera asegura larga vida comercial y absoluta seguridad política, frente a los vaivenes del estado. La segunda es simplemente, pero nada menos, que una aventura del pensamiento, plena de angustias y de amenazas oficiales.

Demás está decir que CHE se enroló en esta última actitud. Un gru...

Staff de **Che**, *otro lugar donde trabajó Susana.*

Nota junto a Julia Constenla sobre el 17 de octubre de 1945, para el Nº 3 de **Che**.

La Mujer, volumen en el que Pirí incluyó el cuento **La tanga**. Se observa en la primera página una dedicatoria para Walsh.

Algunos de los libros traducidos por Susana Lugones.

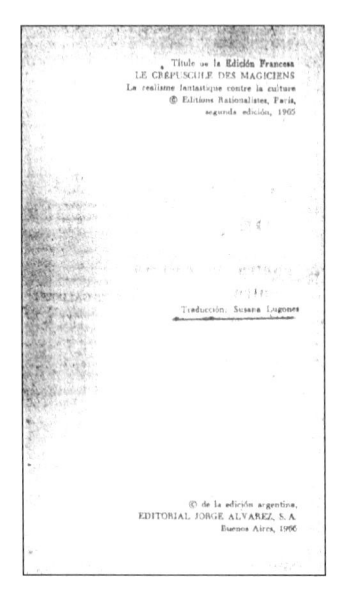

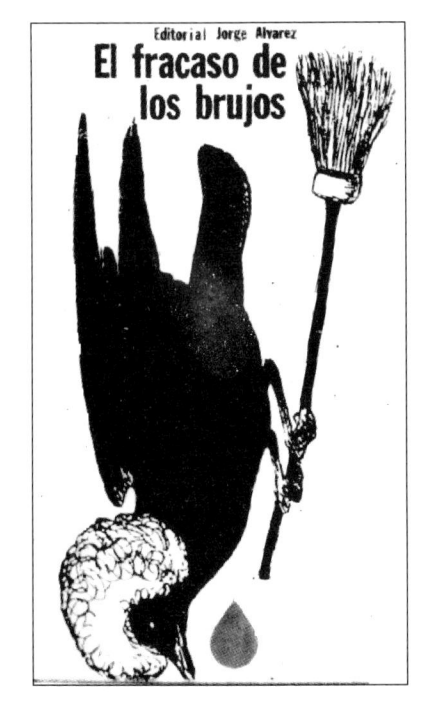

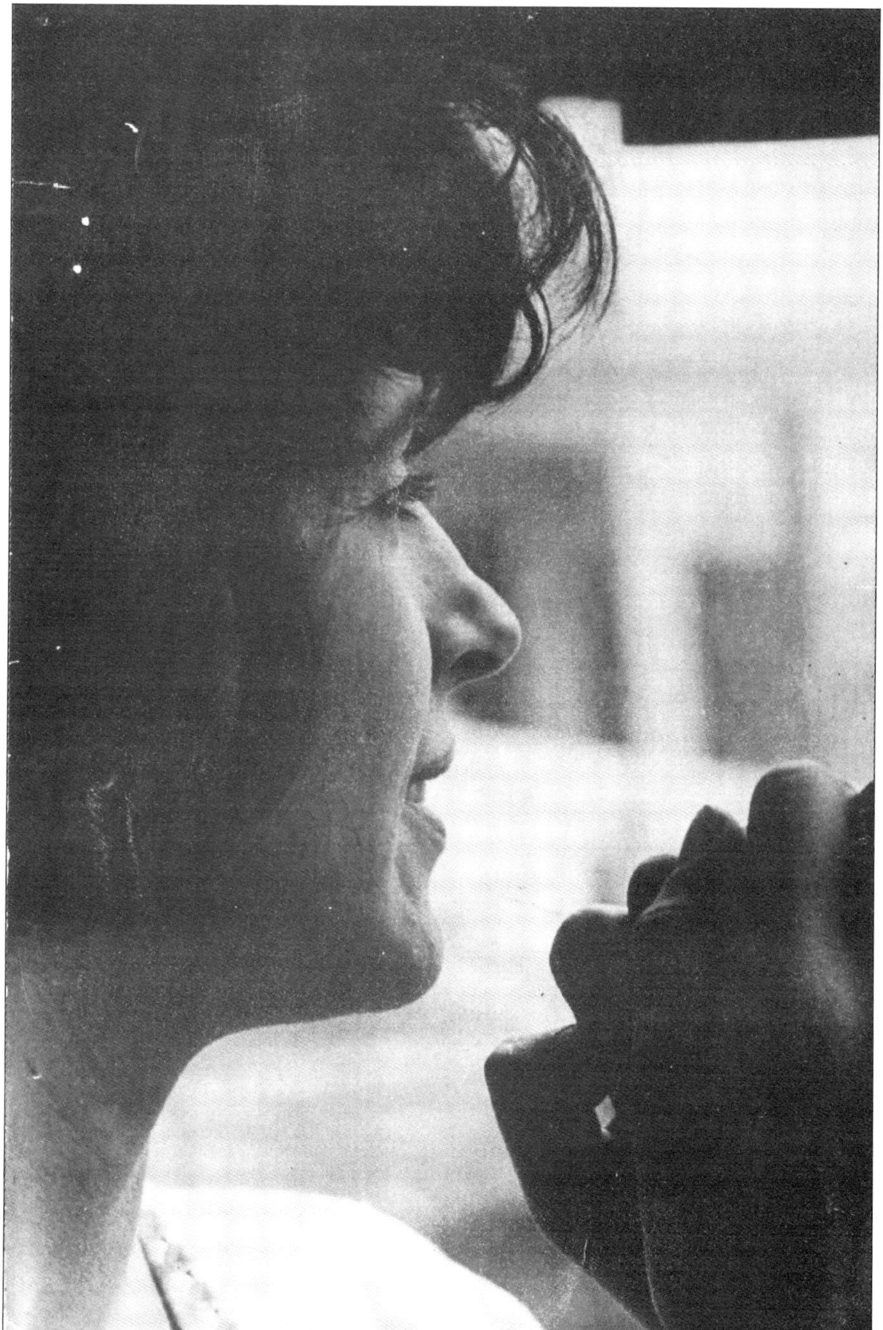

Guía sesentista del centro porteño

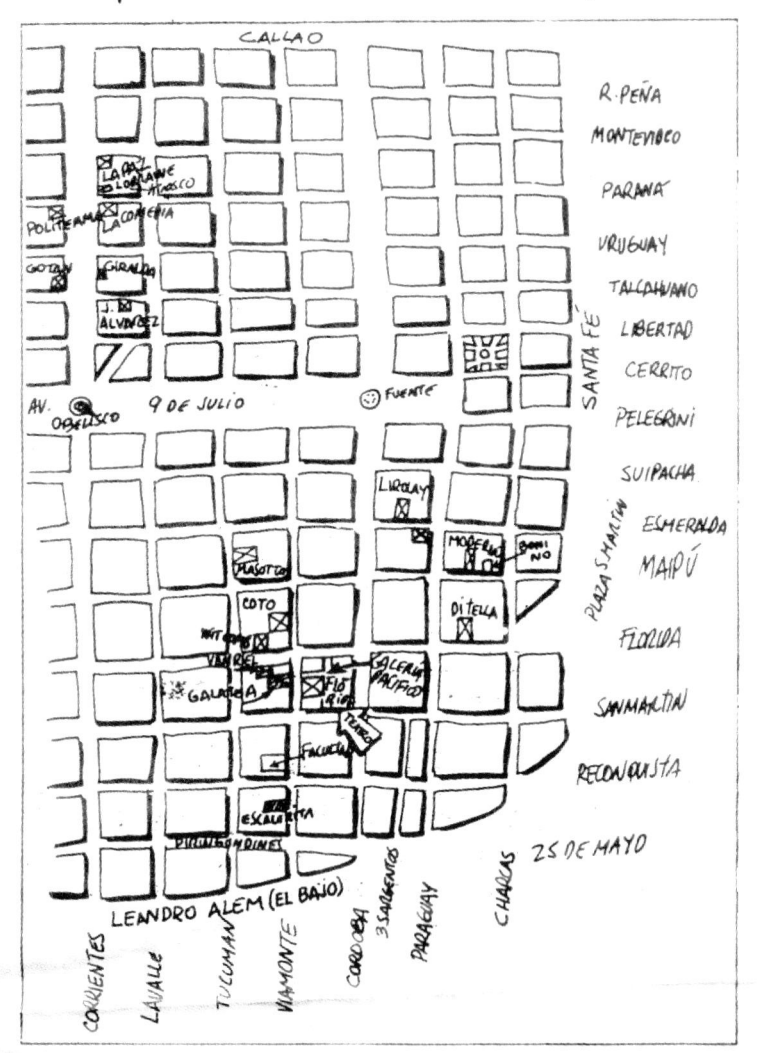

El mapa fue reconstruido por Roberto Jacoby. La versión que sigue pertenece a Miguel Briante:

La Facultad de Filosofía y Letras de la calle Viamonte unía dos aguas partidas, más o menos, por la calle Córdoba; los intelectuales con Pavese y Sartre encarnados en el sobaco discutían por los bares de la calle Corrientes —de La Comedia a La Cultural, de La Giralda a La Paz, de El Colombiano al Ramos, pasando por El Gardelito— y miraban con desconfianza a esos pintores que se reunían en el Florida; en el Moderno..., porque la plástica "era elitista" y era fácil remedar a Magritte cuando decía "más bruto que un pintor" agregando "argentino". Los pintores respondían con largas borracheras en las que endiosaban la vitalidad para reírse de los intelectuales. Más de una vez esas peleas teóricas terminaron a las trompadas en el sótano de El Coto —especie de zona franca o portuaria—.

Guía sesentista del centro porteño. Página/12, 16/5/93.

Los Diez Mandamientos

Mario Benedetti
Silvina Bullrich
Gabriel García Márquez
Marta Lynch
Manuel Mujica Láinez
Pedro Orgambide
Dalmiro Sáenz
Augusto Roa Bastos
David Viñas
Rodolfo Walsh

Editorial Jorge Álvarez – Colección narradores americanos

Los Diez Mandamientos

Amar a Dios sobre todas las cosas
A no tomar su santo nombre en vano
Santificar las fiestas
Honrar padre y madre
A no matar
A no fornicar
A no hurtar
A no levantar falso testimonio ni mentir
A no desear la mujer de tu prójimo
A no codiciar los bienes ajenos

Los Diez Mandamientos, libro de cuentos de Editorial Jorge Alvarez seleccionado por Pirí.

---

j. p. sartre

huracán sobre el azúcar

COLECCION
"EL HOMBRE Y EL MUNDO"
DIRIGIDA POR
SUSANA LUGONES y FRANCO MOGNI

editorial uno

Copyright by Editorial Uno, Buenos Aires, 1960
Queda hecho el depósito que previene la ley 11.723
Derechos exclusivos adquiridos a "Prensa Latina"

COLECCIÓN NARRADORES AMERICANOS

LOS DIEZ MANDAMIENTOS

TAPA: RUBÉN FONTANA
SELECCIÓN: PIRÍ LUGONES
© EDITORIAL JORGE ALVAREZ S.A., 1966
Talcahuano 485 – Buenos Aires
Hecho el depósito de Ley
Impreso en la Argentina – Printed in Argentina

Una de las últimas fotos de Pirí.

llorar. Alejandro, mi hermano de 20 años, se suicidó en el Tigre. Era el año '71. Lo enterraron allí mismo tras la autopsia en el mismo Tigre donde se había suicidado su abuelo, Leopoldo Lugones, el poeta, en el '38. Y hay que agregar que su padre, Leopoldo Lugones, el torturador, se había suicidado un mes antes que Alejandro. Demasiado enorme, incluso para ella y su respuesta al desafío.

Luego sólo me quedan cartas. Ella, a sus 47 años, se construía una realidad en la gente del pueblo, en lo popular, en el tango, la ruda y la novela policial. Yo me integraba en una Europa multicolor y desconocida. El diálogo fue complicado entonces. Pero hay que decir que ella nunca se interesó por Europa más que en lo intelectual. Quiero decir que el mundo no le interesaba como a un viajero. Creo que es muy argentina la falta de curiosidad cotidiana. Pirí vivía en Buenos Aires, Capital Federal, y allí reinaba. En la realidad porteña. Quizás las conversaciones que mantenía, muy raramente, con su padre, a quien trataba de usted y de ché, eran más verdad que otras cosas.

*Cuando desapareció su compañero, le escribí desde Madrid, diciéndole que tomara distancia, que viniera. No quiso. Su respuesta es la última carta que tengo de ella. Si se iba, perdería todo contacto con la revolución, con la realidad, con la posibilidad de saber si su compañero estaba vivo. Me pidió ropa usada –había tenido que dejarlo todo–, me pedía una lata de angulas, me pedía una reproducción del **El jardín de las delicias**, del Bosco, y firmaba "Rosita". Supe mucho después que le llegaron los doscientos dólares, la lata de angulas y **El jardín de las delicias**. En la navidad de '77 mi hermano Carel tenía una cita con ella –la última cita desde su clandestinidad– a la que no llegaría. No supimos nada más. Hice un viaje a Buenos Aires en el '80 y cuando fui a renovar mi pasaporte me asaltó la angustia frente a los carteles de busca y captura de toda esa gente que había conocido en casa. Algunos ya estaban muertos. Algunos morirían más tarde.*

"Había otra persona que me dijo que era nieta, por lo bajo, era nieta de Lugones, no sé si se llamaba Rosita Lugones o le decían Rosita, pero era de apellido Lugones, nieta del poeta, hija del torturador, eso me lo dijo ella al oído", *es el testimonio de una mujer torturada también, durante el Juicio a los ex comandantes.*

Yo creo que lo que la definía era el desafío. Un libro que Verbitsky –gran amigo– le dedica, dice: "A Pirí Lugones... que antes de morir enfrentó a sus captores con ironía...".

Años después, después del juicio, una mañana deslumbrante, Horacio Verbitsky me contó lo que había pasado durante el juicio. Tras oír hablar de Pirí, buscó a la mujer que había testimoniado y le preguntó qué había sido de Pirí. La fecha probable de su muerte era el 17 de febrero de 1978. Con su artrosis de cadera, dolorida, torturada, y asesinada durante un traslado. Un mismo día, pero de 1938, había muerto Leopoldo Lugones en el Tigre, eligiendo un whisky con cianuro. Con su muerte se cerraba un círculo. Pero no sé qué hubiera sido de ella, tras los años de represión, en ese desierto en que se había convertido su vida sin los amigos.

✧ ✧ ✧

Carlos Peralta
                                          Ginebra, 29 de noviembre de 1993

Compañeros de la Utpba:

Acabo de pasar el fin de semana con mi hija en París. Hablamos un montón, y bastante del libro. Me dio, para que les envíe, las páginas que ella ha escrito sobre su madre. Yo estoy pasando por una época de mucho trabajo. Lo que va a continuación son varios datos:

Efectivamente, Pirí cursó magisterio, creo que en el Lenguas Vivas, y fue maestra jardinera.

Nos casamos por la iglesia, aunque poco más tarde fuéramos ambos, fervientes agnósticos. Padrino y madrina fueron mi padre, que se llamaba Ramiro Alvaro, y Juanita Lugones, la mujer del poeta.

Nuestra relación: iniciada en 1943 en la Facultad de Filosofía —estaba todavía en la calle Viamonte— pasó a ser especial en el '44, apasionada en el '46, matrimonial en el '48 y de separados a fin de año de 1958. Nunca desaparecieron, y tampoco ahora, el cariño, la admiración, la solidaridad ni el agradecimiento. Por ejemplo, en el momento de la separación, ella hacía sus primeras armas en periodismo en **Mucho Gusto***. Pero ya separados, colaboró en* **Tarea Universitaria***, en 1959. Y en el 60-61, cuando yo dirigía* **Damas y Damitas** *en una versión bastante atrevida para la época, fue mi secretaria de redacción. Pero además estaban los hijos compartidos, aunque fuera con todos los problemas clásicos de los divorciados, las reuniones en la casa del otro, los cumpleaños, el apoyo mutuo, los estrenos, las presentaciones de libros y demás.*

Los amigos: En la facultad, Enrique Toomey, Gregorio Sanz, la "Negrita" Montenegro, Lili de Laferrere, Murena, Alicia Eguren. No mucha vida social tuvimos los primeros años —bastante duros— aparte de los íntimos, a los que habría que agregar a Mimí Fasola Castaño y Bernardo Capdevielle. Pero unos años más tarde, sobre todo a partir del momento —en 1953— en que Juan José Castro y Raca nos prestaron su apartamento en la calle Uruguay, y después de 1955, cuando nos instalamos en El Hogar Obrero, los amigos empezaron a animar nuestra casa. Cuando publiqué mis primeras colaboraciones en **Continente**, conocí —conocimos— a Rogelio García Lupo, y por él a Poupée y a Walsh. Lili, que llevaba una vida sentimental de lo más, llegaba de vez en cuando con algún consagrado, Alberto Fontana, Sabato, Torres Nilsson. Andaban por **Mundo Argentino** León Ferrari, Luis Pico Estrada, Katy Knöpfler, y por **Tía Vicenta**, que salió en 1957, Brascó, Copi, Quino, Kalondi, Cattólica, Oski. Paco Urondo, Noé Jitrik. David Viñas, por esos años, con Luis Felipe Noé y Rodolfo Krasno vivían en El Hogar Obrero... En fin, verán qué les sirve de esto.

Un abrazo y suerte con el libro.

LA TANGA

Por Pirí Lugones (•)

Yo no pulseo con mujeres, dijo, y para levantárselo había que hacerlo incurrir. Si llegaba a la cama seguro que querría pulsear. Pulseó, de hecho y al rato, ahí mismo, en la reunión. Hay que rodearlos, hacer el juego de convencerlos, el método, como siempre. Sólo las grandes pasiones, el hombre de mi vida escapan a los métodos y los cálculos.

Pero la noche venía fácil y ninguno de ellos quería perdérsela. Ninguno de ustedes. Ni de nosotras. Eramos tres mujeres esa noche, una punta de mujeres y otra abrió el fuego y se llevó a mi hombre y era tanto lío de mujeres que podríamos habernos acostado todos juntos, pero yo hubiera rajado, y vos, y otros se hubieran achicado aunque la noche venía fácil y cada cual –parecía– iba a conseguir lo que esperaba. Pero sólo yo lo conseguí.

Jugamos a la verdad. Jugar a la verdad es proponerse altos ideales. Es pensemos que yo miento y los demás son buenos. O pensemos que sólo digo la verdad aunque los demás mientan, y no sirve para nada. Fuiste cruel y Elsa tuvo que decir, como dice en sus artículos, en las mesas redondas, que sos el más grande escritor americano. Elsa cierra los ojos y manotea como si estuviera en el agua para decirlo. Derrama el vaso de whisky en los cocteles, atropella el micrófono de las mesas redondas, se quema con el cigarrillo y dice creo que Eliseo. Es un acto de fe. La rubiecita que había venido con vos, la única nueva entre nosotros, tuvo que confesar que no era virgen. Y te lo agradeció. No sirvió para nada, aunque te sirvió para decirme que yo era tan linda. Porque me lo creí –no sé por qué– ahí me asusté, Eliseo. Me olvidé que eras un técnico de la seducción, un oficialista del lance.

Por eso, mientras la vuelta seguía, me tiré en esa cama y claro, Eliseo vino y me besa y me tira del pelo, más que tira que me besa. Está apelando a un recurso, no tiene ganas de besarme. Pero cuando consigo darle bronca, cuando le digo Ah machazo, entonces me besa de veras. Aunque a lo mejor no, no le di bronca sino que se creyó lo de machazo. Después su mano me recorre y yo le digo un hombre es igual a otro hombre, una mano da lo mismo que otra mano, pero se lo digo porque todo mi cuerpo está pensando en la mano de mi hombre –entre qué camas, entre qué piernas– y porque esta mano de Eliseo no me da ni frío ni calor y entonces la mano, el brazo, el hombre está pulseando, venciendo, diciendo no sos más fuerte que yo pero a ratos te amo. Y esas dos mujeres, Elsa y la rubiecita, están sentadas ahí y te aman, Eliseo, y nos miran y nos miran y sonríen. Pero es demasiado intolerable y me levanto de la cama y alguien me alcanza un whisky y Eliseo se sentó entre el grupo y puso la botella al lado del asiento y bebió varias veces y dice cosas serias y discute y Elsa pestañea y llena los huecos de tus argumentos que son torpes. Y quiero que sean más torpes, porque yo me he propuesto algo y la única que va a conseguirlo soy yo, aunque la noche les parezca a ustedes que venía fácil.

Entonces Eliseo quiere tranquilizar a esas dos mujeres suyas y refuerza una frase diciendo cuando estábamos conversando con vos allá, señalándome a mí y señalando la cama y yo digo, aunque todos lo saben, porque nadie dejó de vernos, no conversábamos, franeleábamos y bien que me gustó. Ahora todos querríamos llorar, los unos por los otros, pero eso no se puede y Aguirre se levanta del sillón, se estira las puntas del chaleco, carraspea y nos propone llevarnos a casa. Te llevo primero, me dice, aunque eso no tranquiliza a nadie porque cuando me vaya comienzan las explicaciones. Pero salimos y subimos a la camioneta de Aguirre. Para llevar primero a Julio hasta Avellaneda, que se ha sentado entre Aguirre y yo, y también en la cabina está la chica de Julio que no sé cómo se llama. Los cigarrillos se han terminado como pasa siempre a las tres de la mañana. Tengo ganas de coger y de fumar, digo. Y no sé de cuál de las dos cosas tengo más ganas, digo, y ellos se ríen como locos y Julio aprovecha para arrimarme su muslo caliente y refregarlo contra mi pierna, mientras Eliseo, que va parado en la parte de atrás de la camioneta con Elsa y la rubiecita, curiosea su cabeza dentro de la cabina, a riesgo de tumbarse porque vamos rápido ahora entre calles oscuras y dice ¿qué dice? Como todos se ríen todavía y ¡cómo podés ser tan bruta!, Eliseo me agarra de los pelos y me besa mordiendo mientras el viento nos seca la saliva de estos besos interminables y Eliseo hace equilibrios desde afuera, sostenido de caerse con esa mano que se agarra de mi pecho, tan inestable en esa camioneta que corre de madrugada por Avellaneda entre los gritos aislados de algunos cafés y unos pocos vigilantes desinteresados que no saben que la noche venía fácil ni imaginan este fin de fiesta de una reunión de intelectuales.

Atrás Elsa por el rectángulo de vidrio de la cabina sonríe y ahora Eliseo no se va a caer porque la otra mano, la que no está en mi pecho, acaricia la nuca de la rubiecita y Elsa sonríe, sonríe como si fuera a decir que está perfecto así y sólo se incomoda, pero apenas, cuando propongo seguir este camino a Mar del Plata y llegar mañana, mientras siga el viento y los besos de Eliseo y la noche no termine nunca. Pero Julio se bajó y hay que llevar a su chica y Eliseo salta al suelo y sube a la cabina, pero hay que partir de nuevo y Aguirre compró cigarrillos para todos y Eliseo salta a la camioneta, arriba, y rebota contra el piso y se lastima un labio que ahora sangra y ya no me besa más el resto del camino hasta que Aguirre nos deja en medio de la vereda, en Corrientes, y se va con la chica de Julio, diciendo llevate estas minas Eliseo. Y en el taxi estas minas no hablamos hasta que Eliseo se baja para acompañar a la puerta a Elsa y qué le dirá, pobre Elsa, que no sabe, que no va a poder dormir sin saber si la rubiecita o yo, la rubiecita que ahora se llama Marina.

¿Y quién ahora, Eliseo, cuando subís al asiento de atrás, en el medio, en el lugar que te hace Marina, tan sumisa, entre nosotras dos?. ¿Quién, Eliseo, ella y yo?.

Pero es ella cuando das mi dirección al chofer y me dejan en casa y les digo chau.

Y es de mañana, ahora, cuando me llamaste por teléfono y yo tenía un sueño bárbaro para decirte que bueno, que subieras, porque sólo yo, pensé, iba a conseguir lo que me proponía de esa noche. Y me volví a vestir con un suéter y unos pantalones y estiré la cama antes que llegaras sonriendo tan blandamente, tan blandamente como te quedaste dormido, y aquí te tengo, mi trofeo, lo que yo esperaba de esta noche que venía fácil, pero distinto.

(•) Nació en Buenos Aires en 1925. Ha practicado el periodismo, el matrimonio, la filosofía y letras, la maternidad, la publicidad, las relaciones públicas y ha viajado poco. Este es su segundo cuento publicado.*
* Así en el original. **La mujer**, Ed. Jorge Álvarez, Buenos Aires, 1966.

El atraso cósmico del epistolario*

Poupecita maravillosa: Te diría que el atraso cósmico del epistolario se debe más que todo a la imaginación, porque como muy a menudo me parece que te comento, te pregunto, te charlo o te contesto, dejo ma ser a veces sin desenfundar la máquina- prestada-, buscar el papel o el carbónico. También podría justificarme con los avatares de unas cinco cartas empezadas y que nunca llegaron a término Algunas empezaban diciendote que ix estaba triste- y palabra mágica aparecía por la puerta el sorpresivo CB,; en otra te contaba que no sabía qué era eso de la puntilla, y aparecía un fuera de servicio de Conchita explicando, en fin... gente ajena que toca el timbre, cansancio, un dulce de membrillo fato in casa, reclamos de mis dulces hijos, cine, etc desconcretaron varios comienzos que haré un bollo.
_____ raya y carta nueva.

ATTENTI POUPEE

aquí carta

T E M A R I O   (?)

1) recepción de epistolario- timossi- poupée

2) de la correspondencia y los atrasos

3) paseo de la tarde, horario de mañana

4) sueño, noche de ayer

5) deberes laborales: C y J; Mucho Gusto, etc

6) etc: poemas de PL

7) disgresión (o digresión?): ubicación espacial-tubo de mierda, amueblamiento

8) muy importante: rogelio

9) DSE; Casas y Jardines; 10%; ja-já!!!

10) la solución, helas, socialista.

11) la solucí'on DSE

12) cada día que pasa/ y/o/ la felicidad también mueve el piso

13) por ejemplo, mi cumpleaños

14) qué hacés, poupecita ?

15) postergaciones o realidad?

16) l'argente, ca coute cher.

17) enrulemos

18) qué somos? adónde vamos? de dónde venimos?

Fragmentos de cartas escritas por Pirí en 1959 y 1960. Su destinataria era Poupée Blanchard quien estaba viviendo en La Habana con Rodolfo Walsh.

- Viernes, sábado, domingo pasados esperar. Descubrí varios tipos de llanto: a) de lágrimas gordas que parecen vivas; b) placer de llorar; c) llorar, nada más; d) llanto sintético y económico que consiste en un gemido a media voz sin precipitaciones pluviales. Adopto esta última forma para uso de la semana, es adecuado a mis necesidades sociales.

- Yo pensaba que la gente se muere de tristeza. Falso. Entonces busqué (mentalmente) una forma original y pirí para matarme. Inútil: así como soy una flaca sin fuerza por afuera, encuentro que soy una gorda vital por dentro.

- No tengo vocación por las antiguedades pero me siento bien en tu negocio de Montevideo. Pienso que te has ido (Rodolfo tambien se ha ido y él era también importante para nuestros sentimientos. Rodolfo no se mete pero mira y las cosas se ponen en orden (aparente)) pero me has dejado un poco de claustro, no de claustro materno (puaf!) sino de claustro fraterno. No sería maravilloso que en vez de madre naciéramos de hermanas y hermanos? Mucho más ali-

---

- Poupée estoy triste. Los amores desgraciados están en el programa de la adolescencia. ¿Qué hacer cuando en los sentimientos se tiene la edad de Matusalén?

- Poupée, estoy triste. ¿Por qué en vez de hacer una revolución social no se hace una Gran Revolución Sentimental?

- Poupée no mates cucarachas grandes. Se me parecen.

Antes de empezar la carta te anuncio la llegada de la tuya del
24 febrero- no, esperá, además:12 marzo- vía Mr Masetti
y luego 18 de marzo vía aerea.
Por qué me las mandás a la oficina? No es que me parezca mal.

Poupée querida y querido Rodolfo:

Gracias miles por el miliunanochesco camisolo celeste
quedó preciso y precioso sobre mi persona y permite creaciones
de fantasías oníricas, sentimentales, amatorias de todo estilo.
Qué amorcitos son acordarse de mí tanto como eso!
Hace un cachito era viernes 18. Ahora doce y cinco y es sábado
19. Carlos acaba de cumplir años sólo 23) y bajé a desearle
un buen cumpleaños. No se lo pregunté pero espero que su madre
no se lo haya dicho antes que yo. Mañana a la mañana tendré que
decidir entre las cosas que ví para regalarle una sola y chica,
¡este maldito FMI!

Buen, y ahora empieza la carta. Es decir, arremeto con esos pá=
rrafos chicos para tratar de poner al día lo que pasa entre carta
y carta. Afortunadamente siento en algunos ratos que Habana y
Buenos Aires están bastante cerca. Sólo depende de una bien in=
tencionada ida al correo a tiempo para un avión.

Imposible Poupetta ese sistema que pretendés de esperar con las
cartas cerradas hasta el momento de contestar, sos loca....
Unicamente CP a quien le leí parte de tu carta lo encontró ge=
nial. Claro como soy burra le leí el principio y el párrafo que
se refería a los débiles y la Cándida de Shaw. Bueno.Escribile
y arreglate. Soy bestia, no?
Pero aparte qué dogmática sos, nena!

Rogelio en Baires me ha divertido al infinito. Le digo que tiene
que adiestrarme en sus métodos por lo menos una semana. Qué di=

vertido su tono conspiracional para contar hasta lo más inocente. "Vení, vamos afuera- o al balcón- o te arrastra a un rincón simplemente- y sentís que te está dando una primicia en todo momento, aunque sea los asuntos de alcoba de las primeras damas....
Este Rogelio no se dedica al periodismo. *Vive* en periodismo.

Visita de Mr M.- Redacté varios comunicados de prensa y escribí elegí, busqué, pegué, mandé, me enloquecí con 650 sobres para invitados a conferencia. En 24 horas. Aparecí la mañana del lunes en la oficina. GOD me presentó a M que repitió:"Así que esta es la famosa PiriLugones?".Me limité al buen día. Quiero decir que fuí discreta y proletaria, como dirías vos. Después ante el aire ceremonioso del resto de los empleados, agachados sobre sus máquinas- y algo desilusionados porque no hubo presentaciones, etc- jodí un poco con "el camisón que me trajo M", en presencia del mismo. Todo el mundo pidió que me pusiera la susodicha prenda. A la noche Rogelio entró con un cigarro. Mis únicos intercambios con M consistieron en preguntarle si el tono cantado"que Walsh también trajo de La Habana, es de Cuba o propio suyo?" Me explicó que era porteño. Dije que no. "Del Abasto"- confirmó. Nunca again vi a M, fuera de la conferencia. Una sala chica llena, con mucho calor y anunciada para las 7 empezó a las 8.05. Bien. Yo hubiera querido fervor, calor. Se limitó a un tono muy mesurado Me refiero al tono y creo que eso era lo que él quería. Exhibió profusa documentación. Sin haber visto a Fidel, supongo que era el estilo. Me hubiera gustado la documentación en pantalla. Al final hubo preguntas, pero sin oposición. Estuvo hábil en las respuestas, preciso, rápido, informado. Se parece mucho a Jorge Blanco, confirmando lo que vos me habías dicho.

Esta inclinación a comentar oficina fuera de las horas dedicadas a ese fin es riesgosa. Me olvido de cosas más importantes. Pero antes de largar el tema- que a lo mejor reaparece- estoy feliz porque Rogelio me dijo hoy, cuando le pedí sus sabios consejos: "Pero estás vendiendo en todas las revistas que hay, que más querés?"

Un informante oficioso me anticipa que Walsh y GOD charlaron
por la tele y que GOD decidió darme el 10%.
Pernas me dice lo mismo, después
Le digo a GOD:-Así que me das el 10%.
GOD: No, quien, te dijo?
PL: Alguien.
GOD: No, no está resuelto, veremos...
ENTRETANTO:

⑤ ① El Sr Casas y Jardines (te conté algo ya, no?) viene a visitr
me .Está deslumbrado con un plan que le hice para su revista.
DES-LUM-BRA-DO. Y lo va a poner en práctica despacito.
Es un tipo tan fino que no le puedo decir que me pague el plan
Me ofrece todas las secciones fijas que quiera agarrar. No me
gusta hacer eso. Me semi-promete la secretaría de redacción, e
eso ya me gusta, y de todos modos el plan es mío.
Pero... dentro de dos meses, más o menos. Cáspita.
ENTRETANTO:

⑩ De una revista socialista de próxima parición me llaman para h
hacer de todo. Digo no. Me concretan, pero poco.
Con esto en la mano y la gente de la redacción que supone que
debo recibir un aumento, me voy a GOD y le digo:
-Mirá. Yo estoy haciendo un super full time. Pero mi sueldo si
gue impertéerito en los 8.000 iniciales. Y no sé nada de porca
taje. Vos me necesitás tantas horas como me quedo?
-GOD: Sí, claro.
Yo; Te parece que lo hago es útil, necesario etc?
G: Pero, Pirita, por supuesto!
Yo: Bueno, entonces te propongo lo sig: Tomame como full-time
con 12.000, dame % y si llega a hacerse convenio de salario
móvil con redacción prometemelo a mí también para que no
quede fuera del aumento como la vez anterior. O sino traeme
de vuelta a García Lupo al DSE y dejame con mi sueldo. O po-
ne aSelser, a Pico Estrada o a Mongo Aurelio al frente del BSE
y dejame con mi trabajo inicial. Porque ahora tengo yo todo
plus la corrección de teles en inglés y francés(Esto para apa-
bullarlo un poco,porque en toda la redacción no hay ni un solo
bestia que sepa idiomas, fuera de PL)
GOD: Bueno, no sé, en fin...Te podemos aumentar, para que estés
igual que los jefes de turno, 8.500. (Risa sardónica mía)
Pasan días. Días.
También en la carta pasa un día desde anoche a hoy, y el temai
ri ,ssegúnbveo, se está llenod para la mierda. Retomarelo apen
nas pueda.
Supongamos que lo anterior eran deberes laborales. y C y J

⑤ ENTRETANTO: Me llaman de Mucho Gusto para que escriba una nota
Digo: Cúanto pagan. Voy, converso, desde mi aire aristocráti-
co-gremial que vos odiás anuncio que "yo, notas de 500 $ ya no
hago". Me encargan una larga por 1000 y un pico a determinar.

⑥ ENTRETANTO: Me anuncian que el Fondo de las Artes da pr'estamos a artistas, y que hay un señor muy burro que siempre da
₤$. Acá estoy desempolvando unas cosas atroces para llevar y
pedir plata. Me parece una gran estafa, pero no me importa nada. "Si iste et iste cur non ego?"(San Agustín)

⑦ ENTRETANTO: Descubren en PL que sobre un tablón a manera de es
critorio y una estufa para sentarme no se puede trabajar. Jodo
y jodo por un armario para guardar notas. Finalmente logro sa
carle el escritorio sueco que le han comprado para el analfa-
beto Angiorama cuñado de GOD . GOD dice: Comprenle a Pirita lo
que necesita.

juntos y acepto. Lo otro sería únicamente más cómodo. Está bien así. Cómo decirte?, es quieto y es movido al mismo tiempo. Envidiame.

(16) Si algo jode es esa maldita plata que cuesta cara y que me obligará a jornadas de 8 a 8, de semana de 72 horas, de aire verde de oficinista fatigada, de más arrugas, de noches en que sólo se quiere dormir y estás despierta. Veremos. Como ves estoy absolutamente aterrada por el trabajo futuro. Devendré idiota entre papeles impresos?

(17) Ayer - antéayer- tuve mi primer gesto proletario. Melavé la cabeza yo sola y me hice rulos porque no tenía plata. Qué asco! A la mañana siguiente recapacité y decidí sacrificar comida y con aire resuelto me encaminé a la peluquería (de barrio) Además el 29 víspera cumple me fuí a Joseph.y me tusé a navaja en gran estilo. Sufro ahora la melancolía de mis pelos largos. Jamás sabré si soy una mujer depelos largos o cortos. Mentalmente de largos, para las resoluciones,de cortos . Qué lástima s' que no llegará a tiempo una dulce época de pelos largos, de calma , de mimarme a mí misma. Y estas 18 horas diarias!!!!

Por fin, tomo medidas tipo Poupée y obligo a jugar. Exodo: Coco Blanco y Toti se van, Perla y Toomey también.
Hacemos unas vueltas de mímica. Por supuesto mi equipo gana. Extraño a Rodolfo y nuestras líricas canciones de victoria. Después jugamos a qué opina usted que yo opino deusted. Qué le robarías a... Qué le agregarías o le suprimirías a.... A las 6 de la morning se van todos
De mí han opinado que estoy gorda (es cierto, estoy rechoncha) que me regalarían un tipo que memerezca(Clara Sanz) que me quitarían (esto te me el sentido de quitar para guardarselo uno, es decir qué le envidias a) la sinceridad(Nato Sanz), la gracia(Carlos Pera) la generosidad(?)
Yo le he quitado a Clara FM las piernas, pero no para usarlas mucho, a Sanz los proyectos, le he regalado un pancreas nuevo, un departamento en París a Jorge, al coso de Clara le he quitado el tesón- pero no para usarlo porque tengo de sobra, le he quitado al Ñato la tartamudez que lo afea; su mujer le ha quitado la nobleza y los dientes que los tiene blanquísimos, Carlos P me ha regalado un lingote de un metal raro; yo no le he quitado nada- sonrisa de autosatisfacción- simplemente declaro que lo cambio por otro, como he hecho(comentarios de qué bestia sos), entoncesla próxima vuelta él me agrega una conciencia, y se niega a las explicaciones.
Buen, la noche pasó bien.

" Che Pirí"en esta semana :(aprendé a no ser cipaya y decir"Madame Poupress")

Leyó:un libro de poemas de Paco Urondo, "Breves". Le pareció decididamente malo y obviable; un libro de poemas de Noe Jitrik ,"seriados", y otro "L.. que se nos viene; le pareció mejor, so retodo por elesfuerzo, aunque no terminado. Decidió decirle al autor que todo es malo para tratar de sonsacarsele su arte poética, puede que haya una explicación...(con todo pegó un poema-arrancado- en su puerta.) (la puerta de ella)...leyó libros matrimoniales , es decir de Bioy Casares"guirlandas con amores (lo encontró de un humor fácil, snob, y aratos divertido) y La furia de Silvina Ocampo(lo encontró mejor en imaginación ¡qué imaginación' pero malo en realización.

Descubrió: que nuestros escritores adolecen de pereza y suciedad y jamás reharían un borrador.

Intentó captar las bellezas (preguntadas por brascó, peralta y católica) de Allen Ginsberg en "Howl". Nada.

Pretende escribir esta carta entre una manga mitológica de cotorritas que le saltan a los ojos desde la lámpara a causa del calor (36+)

Oyó un disco de Carlos Puebla , "Este es mi pueblo" Cuba antes y ahora y pensó tristemente como todo se parece y si su amiga Poupée habrá entrado a la rueda de las cosas. Pobre Pirí no cree en algunos entusiasmos.

Paseó hoy derretida entre banderitas de todos tamaños y welcomes para la llegada de IKE. Repitió la náusea, pero cree que no le importa mucho. Pobre Pirí sigue reservando entusiasmos para otras cosas.

Deberá terminar una audición tipo y varias propuestas para radio. Pirí es vaga.

9- juro que será ' la última, nena, no te cebés

Puteó las cotorritas(ver más arriba): PICAN!!!!

Incitó a su amigo Catt. a publicar un libro made by hand sus poemas. Cerrará un ciclo y empezará así otro.

Observó como entraban hoy a Prensa Latina dos nuevas teletipos y como el espacio se comprimió, su escritorio se arrinconaba y el calor se aumentaba. qué calor!

Recibió la visita de Miguelito Fresán y su hermana que venían al médico por orden de Juan. Miguel según docts. no tiene nada de azúcar ahora (?!) Pues sí.

Reclama tus explicaciones sobre el fervor. Oyó nuevamente la guaracha "La reforma agraria"...

Y ahora, antes de seguir escribiendo más xx

Decidió despedirse, pero nous

Se acordó que quería definirse como un río a) por el largo de sus cartas b) porque tiene dos orillas que lo limitan c) porque es xxxxxxx mansa d) porque cuando llegue al mar ya no será la misma

e) porque quiere que te acuerdes del Río de la Plata, te pongas nostálgica de Buenos Aires, nuestro centro del mundo.

Y finalmente triunfó sobre todo lo más que quiere decirte y puede despedirse como una chica buena, que en el fondo- xxx es lo que es.

----

sabés que hay en mi cuarto esta noche? moscas, a miles. las de mi especie, mis amadas moscas vienen conmigo. Carlos no está, jorge no está, poupée no está. qué bien! pero qué bien! merci.

merci también porque mi cumple va a estar entre esos 20 días, merci porque si carlos aparece me va a parecer glorioso, merci por mis 35 años, merci por todo lo que no tiene solución, por " así no podemos seguir", y merci por todas las cosas a medias, merci por el continente americano, merci por las horas pasadas en PL, merci por un puesto de redactora que me ofrecen los socialistas, merci por un plan para una revista caduca que me pidió el director, merci porque no lloro. Pero gracias, no. No faltaba más. Gracias es una buena palabra que te llena la boca. Merci, simplemente, yo soy educada ahora. Educada, domada, señora, trabajadora dentro del horario, y necesitada de mis 8 horas de reposo diario. Mañana me levantaré a las 10, tomaré el desayuno con pan y manteca, iré a trabajar, etc.

Un etc muy vacío, pero lleno de cosas que la costumbre ha arrimado a mi lado. No te aflijas.

Qué era la felicidad?

        Los beso tiernamente, pero eso no significa nada dada la distancia.

                                Pipí

Te quiero mucho, Poupée

        Hoy casi me desmayo cuando ví al pasar en el bus una tipa con un pelo como el tuyo y una blusa blanca parecida. A tiempo no me bajé, lo que pue e la saudade!

                Un abrazo apretado para los dos juntos

PS: Esta carta podés no incluirla en lasmemorias. Mis descendientes agradecidos.

Esta edición se terminó de imprimir en
Elepé Producciones Gráficas, Lanín 100 Buenos Aires,
en el mes de marzo de 1995
Tapas impresas por Ediciones de la Flor.